新 潮 文 庫

ヨーロッパ鉄道紀行

宮 脇 俊 三 著

新 潮 社 版

6424

ヨーロッパ鉄道紀行

ハンブルク
ロンドン
ハノーヴァー
ベルリン
プラハ
パリ
ウィーン
ミュンヘン
ブダペスト
リヨン
ヴェネツィア
トリノ
マルセイユ
ニース
ローマ
マドリード
バルセロナ
パレルモ
セビーリア
本書における乗車区間
0
500km

目次

3 東欧と南イタリアの列車

地図（原図）作成　著者

1　高速新線の列車

団体旅行のパリ

ヨーロッパの鉄道には一九六一年の、はじめての海外旅行いらい幾度も乗る機会があり、乗車路線は二万二〇〇〇キロ（重複乗車区間を除く）に達している。これは日本のJR全線をこえている。

けれども私はヨーロッパの鉄道について一冊の本も書いていない。外国の鉄道旅行記は七冊もあるのにヨーロッパはゼロなのである。

理由としては、書く義務を負わない旅行（会社勤め時代は出張、文筆家になってからも雑誌の写真撮影の同行、私用など）だったという事情があるのだが、ヨーロッパの鉄道は快適で、苦労や事件がなく、書きたくなるようなことが少なかったからでもある。

蛇のぎっしりつまった籠《かご》を腰掛けの下に置かれたり（中国広東《カントン》省）、酸素吸入器のお世話になるような高い峠を越えたり（ペルー）、寝台車に持ちこまれたニワトリが夜明けに鳴いたり（フィリピン）、物乞《ものご》いの少女が私の頬っぺたを突っついて金をせびったり（インド）することもないし、車窓の眺めにしても、通り過ぎる列車などわれ関せずと裾《すそ》をまくりあげて線路ぎわで朝の用便をする女性（エジプト）、眼をおおいたくなるようなスラムの惨状（発展途上国の各地）もない。

というわけで、ヨーロッパの鉄道旅行については書かずに過してきたが、書かずじまいで終りたくない気持はあった。

本誌（『旅』）編集部からのおすすめもあり、ヨーロッパ鉄道旅行記を連載することになった。


さて、どういう形ではじめるか。ヨーロッパではじめて乗った列車の「レマーノ」（ジュネーヴ—ミラノ）、当時世界一の高速と豪華な設備を誇った「ル・ミストラール」（パリ—ニース）、イタリアの看板列車「セッテベロ」（ミラノ—ローマ）から書きたい気もするが、三〇年以上も昔のことで、年寄りの懐古談になってしまいそうだ。

それで、今年（一九九五）五月の「ユーロスターと夢のヨーロッパ超特急の旅」なる団体旅行の記録からはじめることにした。

私はひとり旅が好きで、誰かが同行する場合も二人か三人が限度、それ以上になると旅の楽しさが減殺《げんさい》されるという性格である。精神科医斎藤茂太先生の診断によると、「自閉症のケがありますな」なのである。だから、修学旅行や社員旅行も肌に合わなかった。海外旅行ツアーにも関心はなかった。

例外はある。「皆既日食観測ツアー」（ジャワ島、一九八三年）と「サハリン鉄道ツアー」

（一九九〇年）で、これに参加しなければ見ることも乗ることも不可能だったからである。サハリンのほうは同好者の集まりだから、それなりに楽しかったが、ジャワの日食は、異質な人たちに紛れこんだので、わずか五分間の天体の神秘以外の楽しみは少なかった。

かように団体旅行にはなじめないのだけれど、ありがたいこともある。それは、空港やホテルで指示されるままに行動していれば添乗員や現地のガイドたちがすべて処理してくれることであった。荷物はホテルの部屋まで運んでくれるし、朝は部屋の前に置けば飛行機に積みこんでくれるのである。重い荷物を引きずってバスに乗ろうとする私をタクシーに引きずりこもうとする連中と闘ってきたので、まったくありがたい。

昨年（一九九四）六月、本誌の創刊八〇〇号記念事業の一つとして「宮脇俊三《みやわきしゅんぞう》氏と行くスイス登山鉄道の旅」というツアーが催された。この企画のお話があったとき、私はスイスの山岳鉄道に乗りまくりたくて喜んで引受け、スケジュールを立案したが、出発日が近づくにつれて気が重くなった。選《え》りぬきの鉄道マニアが私に質問の矢を浴びせるのではないか。私は鉄道で旅行するのが大好きなだけで、鉄道のシステムや車両についての知識は皆無にちかいのである。

幸いにも、それは危惧《きぐ》に終った。私はツアーの一員としてスイス旅行を楽しんだ。

一週間の行程を終え、チューリヒ空港でツアーの皆さんと別れたあと、私は淋《さび》しさにおそわれた。時を一週間、せめて一日でも二日でも引きもどしたくなった。こんな感傷ははじめてであった。

「スイス登山鉄道の旅」は募集人員の一〇倍以上の応募者があったという。鉄道旅行の人気をうかがわせる。で、抽選で落ちた人たちへの配慮もあって、ヨーロッパ鉄道旅行のツアーをまたやろうということになった。

今回は、英仏海峡トンネルをくぐってパリ—ロンドン間を三時間で走る「ユーロスター」を目玉に、ヨーロッパの「新幹線列車」のドイツの「ICE」（インター・シティ・エクスプレス＝都市間特急。ハンブルク—ミュンヘン）、イタリアの「ペンドリーノ」、スペインの「AVE《アヴェ》」などに乗ることにした。

日程は、つぎのとおり。

五月五日（金）。成田発10時40分（ルフトハンザ）、フランクフルト乗りつぎでパリ着18時00分。

六日（土）。パリ観光後、「ユーロスター」でロンドンへ。

七日（日）。ロンドン観光後、ハンブルクへ飛ぶ。

八日（月）。ハンブルクから「ICE」でミュンヘンへ。

九日（火）。ミュンヘンから「EC」（ユーロシティ＝ヨーロッパ国際列車）でブレンネロ峠を越え、ヴェローナで乗りかえてヴェネツィアへ。

一〇日（水）。ヴェネツィア観光後、「ペンドリーノ」でローマへ。

一一日（木）。ローマ観光後、一気にマドリードへ飛ぶ。

一二日（金）。「AVE」でマドリード―セビーリァを往復。

一三日（土）。マドリードからフランクフルト乗りつぎで帰国の途へ。

一四日（日）。成田着7時45分。


スペインの「AVE」を含めるかどうかは迷った。強行軍になるし、旅費もかさむ。しかし、『旅』編集長・秋田守さんの「毒食《くら》わば皿まで」とは言わなかったけれど、そういう意味の後押しがあって、マドリードで二泊し、AVEに乗ることになった。AVEは一九九二年のセビーリァ万博を機に建設された新幹線の列車で、私は一年前に乗ったが、仏独伊《い》の新幹線とは、ひと味ちがう遊び心のある列車で、楽しかった。


五月五日（金）、午前九時、成田に集合。

参加者は二一人。ほかにJTBの小亀信雄《のぶお》さん、写真の櫻井寛《さくらい》さん、私たち夫婦で、計二五人。

今回のツアーは、大いに贅沢《ぜいたく》にやりましょうとの方針で企画したので、鉄道はもちろん1等、ホテルは超一流がほとんどである。そのほか、鉄道旅行ならではの二重手間のサービスなどのため、参加費はかなり高い。七三万円である。櫻井さんや私たち夫婦の旅費は『旅』編集部持ちの別会計なのだが。

参加者の内訳は、夫婦が六組と単身者九名。ご夫婦組は、かなりの年輩である。

単身参加の九人のうちには、夫婦で参加の予定が事情により一人になってしまった人が二人いる。

仙台のOさん（60歳）は、ご主人が転勤で休暇がとれなくなったが、私は一人でも行きますよ、とやってきた由《よし》。気の強そうなおばさんである。ハイカラな帽子をかぶっている。

群馬県沼田市で酒造業を営むKさん（65歳）は、奥さんがスケジュールを見ているうちに「汽車《おつしや》ばっかりに乗るのね。私ヤーメタ」となった。「そういうわけで」と笑いながら仰言るKさんはダンディーな偉丈夫で、粋《いき》な帽子をとれば禿頭《はげあたま》が現れる。

贅沢なツアーなので、若い人はいないのだが、一人だけ例外がある。宮崎産業大学の学生のFさん（20歳）。中高年層の団体の輪のうしろにポツンと立っている。

ツアーの人たちの素性については、おいおい明らかになってくるので、そのつど紹介することにする。

一一時すぎ、今回のツアーに協賛してくれたルフトハンザドイツ航空のLH711便は成田を離陸し、フランクフルトへ向った。一行の皆さんはエコノミークラスだが、私夫婦はビジネスクラス。航空会社の提供によるが、気がひける。

高度一万メートルに達して水平飛行になると、食前酒と機内食が供される。国際線の楽しみの一つだが、それも束《つか》の間《ま》、「フィニッシュ?」「イエス」と、目の前の盆が片づけられてしまうと、あとはひたすらシベリアの上空を飛びつづけるだけになる。

モスクワ付近の上空を過ぎ、ポーランドにさしかかったあたりで、二度目の機内食があって、機は現地時間（夏時間）の15時20分、フランクフルト空港に着陸した。日本との時差は七時間だから一一時間余り飛んだわけである。

フランクフルトでパリ行のLH437便に乗り継ぐ。パリまで一時間、EU（欧州連合）時代の今日では国内線のような機内の雰囲気だが、国際線だからか食事が供される。水平飛行になってから下降体勢に入るまで三〇分ぐらいしかないのに軽食ではなく、かなり本格的で、酒もすすめられる。デザートのケーキの大きいこと。

スチュワーデスは大忙し、こちらは当惑。半分も食べないうちに食膳《しょくぜん》を取り上げられてしまう。

だが、あたりの西洋人の乗客を見回すに、猛然と平らげてしまう人が多い。ワインも焼肉もケーキも、いっしょくたに飲食するのである。酒を愛する私としては、酒とケーキを同時に嚥下《えんか》するなど、見ただけで吐き気を催す。

彼らの体軀《たいく》の大きいこと。異人種だなあ、と思う。目の前に餌《えさ》が現れれば食事時間であろうとなかろうと食ってしまう。

こうした印象は、はじめてではないのだが、動物と餌との関係の原型を見る思いがし、この連中と肉体的に戦っても勝目はないと、あらためて痛感する。

機内食のことしか関心がないみたいだが、窓の下にはフランスの田園が整然と緑あざやかに広がっている。点在する西洋館（あたりまえだが）の民家と田園との調和ぶり……。残念ながら日本よりきれいだ。

17時55分、パリのド・ゴール空港着。迎えのＪＴＢのバスで市内へ。日本人の女性ガイドさんが乗っている。

空港からのアクセス道路を快調に走ったバスは、市街地に入ると渋滞。が、とにかく無事にパリに着いた。

今夜のホテルはオペラ座前の広場に面した「ル・グラン・インターコンティネンタル」である。パリのホテルにくわしい人なら、「ル・グランに泊るとは贅沢なツアーだなあ」と言うだろう。格式の高いオールドスタイルのホテルだ。「乗る列車が超特急ばかりだからホテルも豪華にしましょう」ということであったが、ちょっと場ちがいな感じもする。

天井の高いクラシックな部屋でくつろぐ間もなく、ロビーに集合。これから近くのレストランでディナー、というスケジュールになっている。

ロビーに集った一行を見て私は驚いた。わずかな時間しかなかったのに、大半の皆さんの服装が変っている。お召し替えをしたのだ。女性だけではなく、男性も。

私は、遥《はる》かなる日本で積みこんだ固形物を機内食の後押しによってパリで排泄《はいせつ》するという、三蔵法師やマルコ・ポーロが聞いたなら仰天するような行為に専念していたため、着のみ着のままである。家内はその間に赤い服を着こんだ。

レストランは、派手な壁画とシャンデリアの一見豪華な内装であったが、食卓は長いのが一列縦隊で幾本も並び、それぞれが団体客で賑《にぎ》わっていた。日本人かどうか薄暗いのでわからないが東アジア人ばかりのように見えた。

ＪＴＢの小亀さんが立上って、腕時計を見ながら挨拶《あいさつ》する。

「いま午後九時ですが、日本時間は翌日の午前四時です。でも、そんなことはお考えにならずにごゆっくり召し上ってください。長い一日、お疲れさまでした」

そのとおりで、長い一日だったが、嬉《うれ》しいことに、若くはない一行なのにみんな元気で食欲も旺盛《おうせい》なようだ。私は今回のツアーの主催者ではないけれど、立場上いちばん気にかかるのは一行の健康状態である。私は「強行軍ですが、くれぐれもお体には気をつけて」と矛盾することを言って乾杯。

第一日のパリの晩餐《ばんさん》で何を食べたのか覚えていないが、格別の料理ではなかったように思う。

けさ、成田エクスプレス車内でのサンドイッチの朝食から数えると、五度目の食事であった。


五月六日（土）。

きょうは今回のツアーの第一の目的の「ユーロスター」に乗って、昨年開通した英仏海峡トンネルをくぐる日である。

この日を待ちわびた私としては一刻もはやく「ユーロスター」に乗りたい気持だが、乗るのは17時09分発である。これはパリ観光に半日を当てたからだが、夕方の五時という遅い時刻になったのは、「ユーロスター」のダイヤが不安定で、三カ月前の予約時には午後三時以降で確実に運転されるのは17時09分発しかなかったからである。英仏を結ぶユーロトンネルは世紀の大プロジェクトのはずなのに、開通も開業も延び延びになり、運転計画も予定どおりにはかどっておらず、まことに頼りない。

とはいえ、夏時間の季節なので、17時09分発でもロンドンへ明るいうちに着ける。

ホテルでの朝食はヴァイキング。きのうは脂《あぶら》っこいものばかり食べさせられたので、さっぱりした食事が嬉しい。フルーツは豊富だし、パンもおいしい。

きょうは爽《さわ》やかな五月晴《さつきば》れである。

さて、パリの観光。市内の名所をめぐりながらルーブル美術館とエッフェル塔などに立ち寄る予定になっている。

このお上《のぼ》りさん風のルートについて、私は気にかかっていた。一行のなかにはパリがはじめての人もいれば、幾度も来た人もあるだろう。私が一般の参加者だったなら、自由行動を希望するかもしれない。明日のロンドンや七日目のローマも同様である。

日本を出発するまえの打合せの席で、その件について小亀さんと櫻井さんに相談した。しかし、バス派と自由行動派とに分かれると、何かと厄介になる。観光客、とくに日本人を狙《ねら》う連中に対する防禦《ぼうぎょ》の面からも集団行動のほうがよい。

けっきょく、予定どおりバスのみで観光し、自由行動の希望者があれば、そのつど対応するということになった。

案ずることはなかった。全員が定刻にロビーに集合し、いそいそとＪＴＢのバスに乗りこんでくれた。ハイデッカーのデラックスバスで、約五〇席にたいし乗るのは私たち二五人だから、ゆったりしている。

バスのガイドさんは日本人の女性。にこやかに挨拶し、フランス人の運転手を紹介して和やかに出発。

セーヌ川に沿い、シャンゼリゼ通りを走る。ノートルダム寺院があり、ルイ一六世とマリー・アントワネットがギロチンにかけられたコンコルド広場、そして凱旋門《がいせんもん》。私はパリに来ると地下鉄ばかり利用してきたので観光バスに乗ったことなどない。だが、こうやって乗っているうちに、バスでの観光もいいものだな、と思いはじめた。窓の外を眺めてさえいればよく、道に迷うこともないし、ボンヤリしていても乗り越す心配はない。スリやヒッタクリに遭うこともない。

ガイドさんの説明も、このバスに乗らなければ聞けないようなことが多い。その一つ、「凱旋門でのグルグル回り」を紹介しておこう。

ヨーロッパの市街地の道路は、広場を中心にして放射状になっているのが多い。凱旋門広場の場合は門を中心にして円形のロータリーがあり、そこから一二本もの道が放射している。

こういうところでは信号機による交通整理は無理である。交通信号機が効果を発揮するのは十字路で、せいぜい五叉路《ごさろ》が限度だろう。

車が少い時代はロータリー方式は便利だった。しかし、車が激増した今日では難所である。運転が下手あるいは気の弱いドライバーは、割りこんで左折することができず

（フランスは右側通行）、凱旋門をグルグル回りつづけるのだそうだ。

ガイドさんの説明によって知ったことを、もう一つ。

フランスでは、きょうから土、日、月と三連休。月曜の五月八日が休日なのは第二次大戦でドイツが降伏した日、つまり戦勝記念日だからである。「八月一五日」しか頭にない日本人としては、そうだったかと思う。

ちょうど戦後五〇年にあたるので、記念日の二日まえからさまざまな式典や行事がおこなわれる由。ドイツ人や日本人にとっては肩身の狭い日だ。

今回のツアーの日程案を作成したのは私である。二、三日ばかり出発を遅らせればよかったと思う。


「ユーロスター」をはじめとするヨーロッパの超特急に乗るのが目的で来たのに、鉄道と関係のないことばかり書いていて気がひけるが、あともう少し。

ルーブル美術館は改装され、展示品の配列替えもおこなわれて、わかりやすくなっていた。かつては迷路のようだったが。

とはいえ、ぼう大な展示品を見て回る時間はない。美術品というものは、たくさん見るほど印象が薄れるし、疲れる。だから「ミロのヴィーナスとモナリザだけを見ましょうよ」と皆さんをせきたてる。

観光客のひしめくルーブル美術館では、一行を見失いそうになる。その点でありがたいのはKさん（53歳）である。すらりとした長身で、大方の外国人より背が高い。頭ひとつ抜きん出ているので目印になる。

そのあと、団体客で賑わうレストランでビーフシチューがメインの昼食。そしてエッフェル塔へ。

ここはお上りさんの集るところである。私も一九六一年にはじめてパリに来たときは、長い列に加わってエレベーターを乗りつぎ、最上階まで登った。

それ以後はエッフェル塔など眼中になくなったのだが、あらためて来てみると、したたかな塔ではある。四つに分かれた基脚の力感にあふれた踏んばりぐあい。二次曲線で細やかに高くのびる塔。構造力学に徹した造型美がある。ガイドさんが「風圧を弱めるために細い鉄骨をこまかく組んであるのです」と言う。なるほど。

きょうは休日でもあり、エレベーターの乗り場には長い行列ができている。しかもエレベーターは下階まで、中階まで、上階までと三段階に分かれている。最上階に達するには一時間はかかりそうだ。登るかどうかの選択は自由だが、登ってしまったら帰りに自由はない。肝腎《かんじん》の「ユーロスター」に乗り遅れるかもしれない。だからエレベーターには乗らない。はじめから乗る予定もなかったのだが。

エッフェル塔を背景に一行は互いにカメラを向け合う。私もカメラを構える。典型的なお上り観光客の行動だが、それを楽しいと思うようになっていた。

Nさん夫妻にカメラを向ける。Nさん（62歳）は東京銀行に勤めていたのでパリなど周知の地だろうが、外国通ぶったところなど少しもなく、楽しそうにカメラにおさまる。

時刻は午後二時半。17時09分発の「ユーロスター」に乗るまで時間が余っている。三越へ連れて行かれる。奥さまたちは嬉々《きき》とし、亭主はうんざり、というほど画然と分かれるわけではないけれど、大ざっぱに言えばそうである。

ユーロスター　パリ—ロンドン

午後四時半のパリ北駅《ノール》。ようやく念願の「ユーロスター」に乗る時がきた。

パリには各方面へのターミナル駅が六つあるが、この北駅はヒッタクリなどの被害が多い要注意駅である。コンコースを警察犬を連れた警官が巡回している。

ユーロスター用のホームは西側にあり、部厚い強化ガラスで囲われて物々しい。二階のカウンターでチェックインし、ついで客と荷物のX線検査。航空機に搭乗するかのようだ。ユーロスターは何かと注目を集めている。過激派対策であろうか。

それはよいのだが、航空会社とちがって荷物を預って積みこんではくれない。大きなスーツケースを引きずってホームへの階段を降りなければならない。ポーターもいない。中高年層にとっては難儀である。

Mさん（45歳）、Nさん（41歳）、Iさん（39歳）がスーツケース運びを手伝ってくれる。ホームが低いのでデッキへのせるのも一苦労だ。JTBの小亀さんも汗だく。櫻井さんも本業の撮影をやめて荷物運びに専念する。そして、五二歳のYさんまでも。若く見える人だが、わが一行では五二歳までが「若い人」なのだろうか。高齢化社会の象徴、などと分析していてはいけない。この人たちのボランティアがなかったなら、高齢者は立往生してしまうだろう。

こうしたところに海外鉄道旅行の難点がある。厳重なチェックや警戒をするばかりで旅客へのサービスのないパリ北駅にも問題がある。各車両のデッキに立つスチュワーデスは、にこやかに迎えてくれるが、荷物運びを手伝ってくれはしない。

ようやく全員の身柄と荷物が1等車におさまった。

発車時刻が迫ってきていたが、私は自分が乗る列車の頭から尻尾《しっぽ》まで見ておきたいという習性がある。「定住型の農耕民族における移動の際の不安感」がそうさせるのだ、と解説してくれた学者がいるけれど、とにかく先頭の動力車を見るに、カラシとアイボリーに塗り分けられた車体の鼻っ先はアヒルの嘴《くちばし》の如《ごと》く突き出し、線路を嘗《な》めんばかりである。

ユーロスターはフランス国鉄のＴＧＶの新型電車であるが、何かと事情のちがうイギリス国鉄への乗り入れのため両棲類《りょうせいるい》のような仕様を余儀なくされている。

まず、車両の断面が従来のＴＧＶより若干小さい。イギリスの車両限界（これ以上に図体《ずうたい》を大きくするとトンネルやホームに頭や腰をぶつけるぞ、という規制）がフランスより狭いからである。もっとも、これは予備知識によるのであって、見た目には従来のＴＧＶと変らない。

つぎに電気方式のちがい。フランス国内と海峡トンネルの出口までは交流だが、イギリスでは直流である。交直両用の列車は、日本でもおなじみだが、厄介なのはフランス側が架線からパンタグラフで集電するという一般的な方式であるのにたいし、イギリス領に入るとロンドンまでは二本のレールの外側に設けられた「第三軌条」からの集電となる。これは東京の地下鉄銀座線その他で見られるもので、トンネルの断面を小さくできる効用があるのだが、パンタグラフと第三軌条の二つの集電方式を兼備した機関車や電車は珍しい。

第三軌条から集電する「舌」がどこにあるのかしら、と先頭の動力車の股《また》の下を覗《のぞ》きこんでいると、櫻井さんが現れ、「これです」と台車の中央を指さす。この人、精力的にして神出鬼没だ。

ユーロスターの編成は九両のユニットが二組の計一八両。連結部に台車のある連節式である。

1号車から5号車までは2等車、6号車はビュッフェ車、7、8、9号車が1等車。ここまでが第一ユニットで、そのあとの第二ユニットは編成が逆になって1等車、ビュッフェ車、2等車の順、最後尾も動力車である。

第一ユニット九両の外観を大急ぎで眺め、1等車に戻る。8号車だったと思うが、通路をはさんで二人並びと一人用とに分かれている。この2＋1方式は日本のグリーン車にも登場するようになったが、ヨーロッパの鉄道は日本とちがって進行方向に座席を転換することができない固定式が大半である。だから客の半数は後ろ向きに坐《すわ》って去りゆく風景を後追いすることになる。コンパートメント時代の名残りか、それとも座席の向きなどどうでもよいのだろうか。

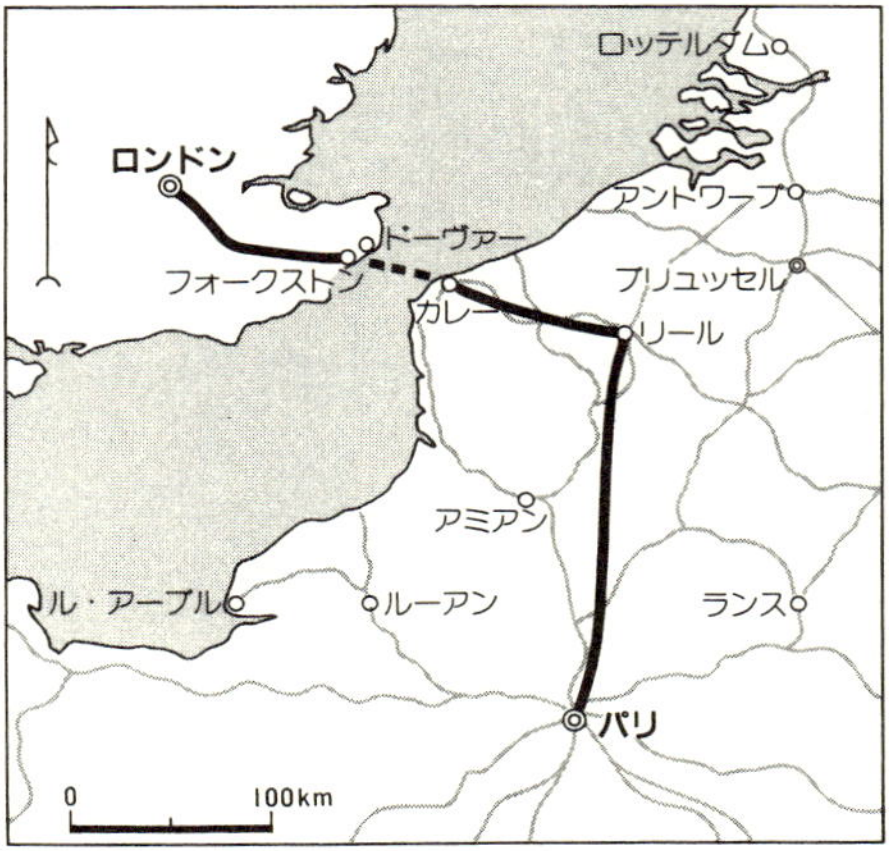

四人向い合せで間にテーブルのあるのもあれば、二人ずつの並列でテーブルのないのもある。

それらのことはとにかくとして、物々しいチェックや荷物運搬の苦労のあとに1等車におさまってみれば、快適な空間ではある。インテリアも、さすがに垢抜《あかぬ》けしている。

定刻17時09分、ユーロスターはパリ北駅を発車した。ロンドンまでノンストップで三時間の予定。一時間半後には英仏海峡トンネルに突入するのだと思うと心躍るが、はしゃぐわけにもいかず、指定された席に坐っている。

しばらく在来線上をゆっくり走ったユーロスターはパリ郊外に出ると新線に入り、速度を上げた。

車窓に畑や牧草地が広がる。まっ平らな平野ではなく、ゆるやかに起伏する丘が整然と耕され、牧草地は正に緑の絨毯《じゅうたん》である。一行のなかには嘆声をあげる人もいる。

フランスの鉄道に乗っていると畑や牧場ばかりで、「フランスは農業国」が実感されるのだが、パリの近郊にして、すでにそうである。集落を避けて敷設《ふせつ》された新線だからでもあろうが。

車内放送が「……トゥロワ㈢……」と告げる。時速三〇〇キロであるぞ、と言っているらしい。私は席を立ち、「時速三〇〇キロです」と一行に言い触らす。

だが、スピード感というものは環境によるのであって、広々とした田園においては日本の「のぞみ」（最高二七〇キロ）がマンション群をかすめるような迫力はない。

いつのまにか右窓に高速道路が並行している。ベルギーのブリュッセルへ通じる「A1」である。クルマは時速一〇〇キロ以上で走っているはずなのだが、三〇〇キロの当方から見れば停止しているかのごとくで、容赦なく追い越していく。「どうです、速いでしょう」と近くの席の誰かに言う。私がこの鉄道と列車をつくったかのような気分である。


だんだん興奮してきて、おなじ思いの櫻井さんと車内探訪にでかける。

まず2等車を拝見。二人並びのシートが前向きに十数席、うしろ向きに十数席の、いわゆる「集団見合」型で、最前列で向い合う四人席にはテーブルがある。乗車率はよく、ほぼ満席であった。

トイレを覗く。説明するのが困難だが、うまくできている。便器の蓋《ふた》を淡いブルーに塗るなどデザインも瀟洒《しょうしゃ》だ。さすがにこの道の先達ではある。ベビーベッドの備えられたトイレもある。もちろん車椅子《くるまいす》用もある。

引返して6号車のビュッフェ車に入る。ここは大賑《おおにぎ》わいで、タバコの煙が立ちこめていた。2等車はすべて禁煙で、喫煙できるのは1等車のうちの7号車一両と、このビュッフェ車だけだからタバコのみが集るのも無理はない。酒を飲みながら赤ら顔で、ここぞとばかりタバコをふかしている。この煙の充満には辟易《へきえき》するが、ここは魅力のある場所である。ウイスキーのオンザロックを一杯やると、気分がよくなった。

1等車に戻り、「ビュッフェ車に行ってみませんか。お酒がありまーす」と一行に声をかける。何人かの男性が席を立った。わが女房は、しょうがない人ね、と諦《あきら》めの眼差《まなざ》しで私を見る。彼女は奈良漬も食べられないアルコール拒絶症だから人生の楽しみの三分の一を占める酒についての理解はない。

それはとにかく、酒好きの人とのビュッフェは楽しい。緯度が高く、夏時間のヨーロッパでは午後六時の太陽は真昼のように高い位置にあるけれど、食前酒を飲んでいけない時刻ではない。

フランドル地方の中心地、リール市にさしかかると、工場やビルが現れ、18時05分ごろ、真新しいリール・ヨーロッパ駅を通過した。パリ北駅から二二七キロ。さすがに速い。

リール・ヨーロッパ駅は、パリ、ロンドン、ブリュッセルを結ぶ高速鉄道の三叉路《さんさろ》として設置された新駅である。だが、わがユーロスターは停車しない。

ユーロスターはリール・ヨーロッパ駅を通過すると西へと向きを変え、ドーヴァー海峡を目指す。左窓から差しこんでいた陽光が消えた。

座席に戻ってまもなく、スチュワーデスが盆にのせた食事を配る。ワインの小瓶もついている。いわば「機内食」だが、航空会社とちがって、このサービスは1等車のみだという。

パリ―ロンドン間のユーロスターの運賃は、1等が八一〇フラン（約一万五〇〇〇円）、2等が六五〇フラン（約一万二〇〇〇円）。この程度の運賃差ならば、ゆったりした座席と食事つきの1等車に乗ったほうがトクだろう。が、なぜ1等客のみにサービスをするのか。航空機との対抗意識が中途半端《はんぱ》な形になったのだろうか。鉄道は航空会社まがいのサービスなんかする必要はないのではないか。

と批判しながらもワインの小瓶を飲み、燻製《くんせい》の肉などをつまんでいるうちにユーロスターは速度を下げ、「カレー・ターミナル」にさしかかった。ここは海峡トンネル区間の自動車輸送の基地。道路と線路が複雑にからみ合っている。

車を積みこむ「シャトル列車」は、①トラック用、②乗用車用、③バス用の三種類があり、貨車の設計がちがう。冷凍車のようなのは乗用車用とバス用で、乗用車用の内部は二階建てになっているという。トラック用は檻《おり》型で、中が見える。

それらをかすめるうちに、ユーロスターはトンネルに入った。18時36分であった。

英仏海峡トンネルの計画は古く、ナポレオン時代の一八〇二年にさかのぼるという。

具体化したのは第二次大戦後だが、英仏の足並みが揃《そろ》わず、着工しては中断をくりかえし、ようやく昨年に開通したという経過がある。日本人たる私としては、あの惨憺《さんたん》たる敗戦から立ち直って奇跡とされる経済成長をとげ、円高のおかげで贅沢《ぜいたく》な海外旅行ができる時代になったという別の感慨も重なる。

いま私たちはドーヴァー海峡下のトンネルを走っている。

夢ではないかと頬をつねりたい気持だが、トンネルは、入ってしまうと面白いものではない。

青函《せいかん》トンネルを担当していた鉄道建設公団の人から話を聞いたことがある。

「トンネル屋なんて何をやっているのか外から見てもわからないでしょう。橋屋さんがうらやましいですよ。あちらは仕事の進みぐあいが、みんなにわかりますからね」

これは、ほぼ同時に開業した青函トンネルと瀬戸大橋をくらべてみれば、よくわかることである。

ユーロスターは時速一五〇キロぐらいでトンネル内を走っている。三〇〇キロで突っ走ってきたので、遅く感じられる。

青函トンネルとの簡単な比較を別掲したが、水深の浅い英仏海峡トンネルのほうが工事の条件のよいことがわかる。

しかも、青函トンネルは地質の悪い区間があり、漏水対策に苦心させられたが、こちらは海底のすぐ下に不透水成岩というトンネルを掘るにはぐあいのよい地層がある。

ただし、この地層は厚さが薄く、上下に褶曲《しゆうきよく》している。それに合せて掘削したので英仏海峡トンネルにはW字のような上り下りがあるという。こういうトンネルは珍しいのだが、座席に坐っていてもわからない。

青函トンネルと同様に英仏海峡トンネルにも、さまざまな安全設備がある。列車火災に備えて二五〇メートル間隔で防火扉つきの避難通路が設けられていることなど。

野生動物が大陸から侵入するのを防ぐためイギリスの要望によって設置した検知機や防護柵《さく》などもあるという。野生動物がトンネルを通り抜けるという話はよく聞くし、楽しい話題なのだが、そんなおめでたいことではないようである。キタキツネが媒介する北海道特有の病気が津軽地方に伝播《でんぱ》したのは、あの愛らしいキツネが青函トンネルを走り抜けたからだとされている。

けれども、英仏海峡トンネルに設けられた諸施設を車窓から見ることはできない。ユーロスターはトンネルの闇《やみ》のなかを走るばかりである。

英仏海峡トンネルと青函トンネルの違い

	全長	海底部	海面下（最深）	海底下（最深）	本線
英仏海峡トンネル	50.5km	37.9km	100m	40m	単線トンネル２本
青函トンネル	53.9km	23.3km	240m	100m	複線トンネル１本

入国審査官が来た。肌身につけていたので湿っぽく生ま温かいパスポートを差しだす。

スタンプがおされた。「06 MAY 1995 / CHANNEL TUNNEL」とある。出入国の際に捺《なつ》印《いん》する国が少なくなり、パスポートが記録帖《ちょう》の役割を果さなくなったので、これは嬉《うれ》しい。だが、イギリスがEUの時代になってもヨーロッパ諸国と一線を画そうとする姿勢のあらわれでもあろうか。「ユーレイルパス」がイギリスで通用しないなんて、おかしなことだ。

一行の皆さんは神妙に坐っている。ドーヴァー海峡の下を通過中という劇的な時がそうさせるのだろうが、誰もがこのトンネルを抜けて出るのを待ち望んでいるかに見える。トンネルというものは入口と出口だけがハイライトで、中身は退屈なのだ。長大で有名なトンネルほど退屈な時間が長いのだから始末がわるい。

ようやく窓に明るみがさし、18時56分、ユーロスターは二〇分を要して英仏海峡トンネルを抜けた。フランス側とおなじ規模の「フォークストン・ターミナル」を通りすぎる。

船でも飛行機でもなく、鉄道でフランスからイギリスに渡ったのだと思えば感動を禁じえないが、青函トンネルとちがってフランス側もイギリス側も海が全然見えないので、海峡を通り抜けた実感が湧《わ》いてこない。

フォークストンからロンドンまでは約一一〇キロ。フランス側のような高速新線はなく、旧態な在来線を走るので一時間以上かかる。新線があれば三〇分たらずで到達できるだろうから、パリ—ロンドン間が二時間二〇分ぐらいで結ばれるのだが。

イギリス側にも新線建設の計画はある。けれども、諸事情（国鉄の民営化問題、沿線住民の反対運動など）のために見込みは立っていない。

ユーロスターは本領を発揮できない旧態な路線をゆっくりと不満気に走っている。

だが、それもよい。小さな古い駅を通過し、茂みに入り、民家をかすめる。車窓風景が身近かなものに変った。陰翳《いんえい》もある。

イギリスに来た、フランスとはちがう、と思うが、これはフランス側の新線とイギリス側の在来線との車窓風景のちがいであって、風土のちがいではなさそうだ。

ロンドンが近づいてきた。大都市に進入するときの鉄道の旅の印象はゴチャゴチャ雑然としているのが共通点である。構内の信号待ちで停車するのも同様だ。左窓にロンドンのシンボル、国会議事堂のビッグ・ベンが見えた。

19時19分、一〇分の遅れでユーロスターはロンドンのウォータールー駅に着いた。フランスとの時差一時間を加えると、三時間余であった。

さて、パリ北駅のように荷物の運搬でひと苦労しなければならないのか、海峡トンネルへの熱意の乏しいイギリスのことだから、どうなることやら、と覚悟していたが、それは危惧《きぐ》に終った。新装成ったウォータールー・インターナショナル駅には、たくさんのカートがあり、エスカレーターも完備していた。せめて駅だけでも、ということかもしれないが。

迎えのJTBのバスに乗り、テムズ川を渡る。パリより野暮《やぼ》ったいと言うか重厚と言うか、そんなロンドンの市街地を走って、バスは今夜の宿の「インターコンティネンタル・ハイドパーク・ホテル」の玄関先に横づけになった。その名のとおり、ハイドパークの東側に接した一流ホテルで、このあたりは高級ホテルが多い。

ホテルに入ったあと、どこかのレストランで食事をしたはずだが、覚えていない。齢《とし》とともに減少した記憶能力を、念願のユーロスターで使い果したようだ。車内で調子にのってお酒を飲んだせいもある。

ロンドンとハンブルク

五月七日（日）。

きょうは15時00分発の飛行機でハンブルクへ移動するだけの日で、鉄道には乗れない。

バスでロンドンの半日観光。きょうも五月晴《さつきば》れである。テムズ河畔で国会議事堂のビッグ・ベンを眺め、ロンドン塔を訪れ、そのあとバッキンガム宮殿へ行く。

ここは観光客の集まるところだが、きょうは、ひときわ人出が多いらしい。第二次大戦でドイツが降伏してから五〇年目に当るので、その式典に臨むエリザベス女王の車を見ようという人たちである。

敗戦国民の私としては愉快ではないが、背伸びをして宮殿の出口を見るうちに、鹵簿《ろぼ》が現れた。エリザベス女王の横顔が見えたような気がしたが、どうだかわからない。

昼食は中国料理店。団体旅行者相手の店であるが、飲茶《ヤムチャ》風の軽食がおいしい。ビールも老酒《ラオチュウ》もおいしい。また昼間から酒を飲む仕儀になった。

食後、パリと同様に「三越」へ連れて行かれる。家内は喜び、私はウンザリ。高価なものを買わないことはこれまでの経験でわかっているが、近ごろはカードという便利なものがあるので油断はならぬ。夫婦での旅は、それなりに良い面もあるが、買いものの場に来ると、女は別の人種だなと思う。

階段の一隅にテーブルと数脚の椅子《いす》がある。待たされる男性たちにとっては、ありがたいコーナーである。そこに坐《すわ》って出発時刻を待ちながら、「こういう場所をつくってくれるのはありがたいですな」などと言う。けれども、女房と亭主を隔離すれば売上げが増すだろうとの魂胆かもしれない。

女性は買いもの、男性は迷惑、と割り切ったが、そう単純でもない。奥様の買いものに付き添って楽しそうなご亭主もいらっしゃる。それは、あまりお酒を飲まない男性で、隅に坐って不遇をかこっているのは私などの飲んべえたちのようである。ツアーの旅も三日目になると、誰が酒飲みであるか程度のことは判《わか》ってきている。

ようやく三越から解放され、バスで西の郊外のヒースロー空港へ。

このイギリスを代表する大空港の評判は芳《かんば》しくない。通関に手間どるし、ヒッタクリなどの連中も多いのだそうだ。が、無事にハンブルク行のルフトハンザ機に乗りこむ。ロンドンからハンブルクまでは約七〇〇キロで、東京—広島間ぐらい。正味一時間程度の飛行距離である。

海峡を越え、オランダからドイツ北部へかけての、海面すれすれのような、低くてまっ平らな田園を見下ろすうちに機は高度を下げ、時計の針を一時間進めて、17時30分、ハンブルクのフールスビュッテル空港に着陸した。

バスで「マリオネット」というドイツらしくない雰囲気の新しいホテルに入る。

ひと休みしたあと、またバスで夕食のレストランへ向う。時刻は午後七時半。しかし、太陽は高い位置にある。

ハンブルクは北緯五三・五度。北海道の北端の宗谷岬《そうや》より八度も北にある。きょうは日の長い季節の五月七日で、しかもサマータイムだから一〇時過ぎまでは明るいだろう。バスは「アルスター湖」という大きな池の西岸を走る。市街を東西に二分する湖である。

それは知っていたが、ホテルがどの位置にあったのか、どの道を通って湖岸に出たのかはわからない。ひとり旅ならば乗るも歩くも地図と首っぴきになるのだが。「ICE」に乗るために来たので、ハンブルクへの関心は薄かった。ドイツ最大の貿易港で工業都市、という知識しかないので、魅力を感じなかった。殺風景なところだろうと想像していた。ベルリンに次ぐドイツ第二の大都会なのに、ガイドブックもハンブルクを軽く扱っている。

が、意外にも緑の濃い街である。見事な大木が茂り、新緑の葉と枝を道の上に広げ、西日を浴びている。白い花をつけた木もある。ハンブルクへの先入観とは全然ちがう。

もとより私たちのバスが走っているのはハンブルクの一部にすぎないのだが、ガイド嬢は、こう言った。

「ハンブルクは緑の町です。木を大切にしています。直径二〇センチ以上の木を一本切れば二本の苗木を植えることが義務づけられています」

バスは都心から遠くない住宅地を走っているが、どの家も大きな木と共にある。うらやましい。

目指すレストランに着いた。森のなかのコテージ風の建物である。あたりの緑の清冽《せいれつ》さ、空気の爽《さわ》やかさ。

ヨーロッパの詩人たちが、しきりに「五月」を謳歌《おうか》するのが、わかるような気がした。日本では二、三カ月かけて移行する春から夏へかけての季節が、ヨーロッパでは五月に集中するのである。

幾度もヨーロッパに来た私であるが、五月ははじめてだ。このツアーのおかげで最良の季節に訪れることができた。

きょうは日曜で、このレストランは休業日なのだが、私たち一行のために開けてもらったとのこと。他に客はいない。

ビールと白ワインで乾杯。今夜の乾杯の音頭《おんど》は最年少のFさん。宮崎から参加した学生で、パリの昼食の席での自己紹介では「時給六三〇円のマクドナルドでアルバイトをしています。パリの昼食の席での自己紹介では宮崎は賃金の安いところです。でも、このツアーに参加したくて無理をしてやってきました」と一同をシンミリと笑わせた剽軽《ひょうきん》な青年である。

その隣はブックデザイナーのIさん。「一〇日間も休むと仕事がどうなっちゃうかわからないのですが、どうなとなれと思っています」と言う。

そのまた隣のMさんは、コンピューターのソフト関係の技術者で、「会社には内緒でこのツアーに参加しました」とのこと。

食事は海に近いハンブルクだからか魚料理だったと思うが、とくにおいしかったという記憶はない。ビールと白ワインを混ぜこぜに飲んだし、席も乱れた。

ハンブルクには「レーパーバーン」という有名な歓楽街がある。これを知らずにハンブルクを語るなかれ、のようなところだから、せめてバスの窓からネオンを一瞥《いちべつ》したいと考え、「ホテルへの帰り道にちょっと寄れませんかな」と小亀さんに提案したが、無視された。遠回りになるのか、悪所に近寄ってはならぬとのＪＴＢの定めがあるのか。

ＩＣＥ　ハンブルク—ミュンヘン

五月八日（月）。

きょうはドイツの新幹線列車「ＩＣＥ」でミュンヘンへ向う日である。

ハンブルク—ミュンヘン間には一時間に一本の「ＩＣＥ」が運転されている。私たちが乗るのはアルトナ発10時53分の列車である。

ハンブルクの中央《ハウプトバーンノフ》駅はアルスター湖の東にあるが、西側へ七キロほどに「アルトナ」という駅があり、長距離列車の始発駅になっている。

鉄道雑誌の写真などで見ると、中央駅は堂々たる鉄骨のドームに被《おお》われているが、アルトナ駅は郊外のターミナル、といった感じで、覆《おお》いのない長いホームが五月晴れの陽を浴びていた。

「ICE」には中央駅から乗りこむほうが似つかわしいが、私たちはアルトナ駅から乗る。始発駅からキチンと乗りたいのは鉄道好きならわかることだろうし、列車の編成をゆっくり点検する余裕も持てる。

だが、待機する私たちの気持をよそに、ICEは姿を現さない。櫻井さんと顔と腕時計を見合せながらイライラする。

ようやく白いボディに赤帯のICEが入線してきたのは、発車時刻の五分前であった。入線時刻がどうであれ、定刻に発車すればよいのであって、文句は言えないけれど、わざわざ始発駅のアルトナまで来た者としては、もっと早く入線してほしかった。

幅広い鼻先きをナマズのように突き出した先頭の動力車を背景に一行が重なり合って記念撮影。カメラを構えながら櫻井さんが「汚れているなあ」と嘆く。動力車の白い鼻先きに虫の死骸《しがい》やゴミが付着しているのである。始発駅なのに、なぜ顔も洗わずに、と思う。

もっとも、これは彼我の考え方のちがいによるようだ。マイカーを丹念に洗車する日本人を外国人は理解できない。是非もない。

ＩＣＥの編成を見て歩く時間はなく、あわただしく1等車に乗りこむ。車内は外観とちがって、きれいに清掃されていた。

1等車の定員は四八人で、二人向い合せと四人向い合せの席が並び、それぞれにテーブルがある。日本人の感覚からすると、みんな前向きのほうがよいのだが。コンパートメント時代の名残りだろうか。

シートやテーブルは紫がかったブルーで、ドイツの色調ではないような気がしたが、高級感はある。そして、坐《すわ》り心地のよいこと。日本のグリーン車の及ぶところではない。

たかが椅子《いす》の問題であるけれど、ヨーロッパを旅していると、椅子やソファーの坐り心地のよさに感心させられることが多い。ホテルのロビーの革張りの椅子に坐ると、体が包みこまれるように沈んで、立ち上るのが億劫《おっくう》になる。日本人が働き者なのは椅子の坐り心地が悪いからかと、そんな思いつきめいた感想が浮かんでくるのも外国旅行ならではの楽しさや刺激である。

座席とは対照的に天井や物入れの棚はメタリックで飛行機のようだ。

洋服掛けのコーナーが設けられている。これは鉄道としてははじめてのサービスだろうが、国際線の飛行機では珍しくもない。列車への登場は嬉《うれ》しいが、サービスが飛行機のそれを追随する傾向があるのは愉快ではない。

が、デッキ寄りの通路には電話機がある。飛行機では運航の計器の支障をきたすので設置することができないものだ。そして、コインロッカーもある。

アルトナ駅を発車したミュンヘン行のICEは、ちょっと走ってハンブルク中央駅に停車。ほぼ満席になる。11時07分に発車。

これよりミュンヘンまでは八一二キロ。東京から岡山と広島の中間ぐらいの距離だが、ドイツの北の端から南の端まで行ってしまうのである。

ドイツの面積は三五・七万平方キロで、日本とほぼ同じだが、ドイツの国土は丸っこく、日本は細長い。北海道の根室から鹿児島まで鉄道で行けば、最短ルートで二八四二キロにもなり、ハンブルク―ミュンヘンの三・五倍だ。

ハンブルク中央駅を発車したICEは、つぎの停車駅のハノーヴァーまでの一七八キロは在来線を走る。ICEを「新幹線列車」と銘うつことを不届きだとは思わないが、高速新線を走るのはハノーヴァー―ヴュルツブルク（HW新線）の三二八キロで、ハンブルク―ミュンヘン間の四〇％にすぎない。

日本とちがって在来線と新幹線の軌間《ゲージ》（レールの間隔）が同じ（一四三五ミリ）なので新

旧自由に通行できて羨《うらやま》しいが、煮えきらない感もある。

窓外は北ドイツ平原で、さえぎるものなく広びろとしていて、こちらの胸も広がってくる。

櫻井さんと車内探訪に出かける。

ICEの編成は一四両（両端の動力車を除く）が標準で、1等車四両、2等車九両、レストランカー一両となっている。長さは約三七〇メートル。

貫通路の扉を押し開けては、つぎの車両、つぎの車両へと進む。1等車も2等車も、ほぼ満席で、書類や新聞をひろげた客が多い。ドイツ人ばかりのようだ。きょうは月曜日で

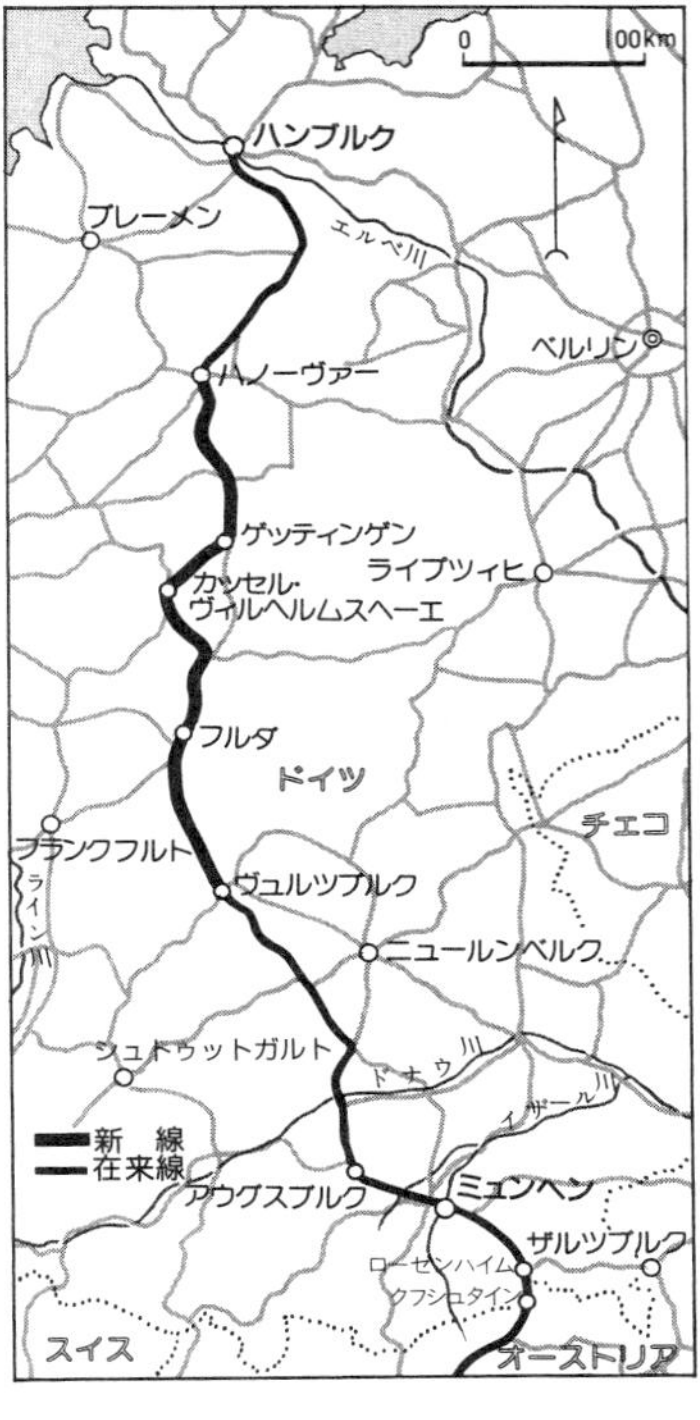

もあり、ＩＣＥはビジネス特急として機能しているらしい。

しかし、終着のミュンヘンまでの五時間半を乗り通す客は少いだろう。日本と同様に先進諸国では鉄道利用の限度は三時間か、せいぜい四時間までで、それ以上は航空機の独壇場になる。

最後尾の2等車の隅が区切られて小会議室のようになっている。定員外のスペースで、自由に利用できる由《よし》だが誰もいない。ここだけが閑散としている。日本でもそうだが、鉄道にしては過分と思われるコーナーをつくると客は利用しない。新幹線の個室は空いている。

引返して、レストランカーへ行く。やはり、いちばん魅力のある車両である。

レストランカーは二四席のテーブルとビュッフェとに分けられていた。テーブル席はまだ客がいなかったが、ビュッフェは賑《にぎ》わっていた。赤い顔のゲルマン大男がスタンドに並んでいる。勤労初日の月曜でも飲む奴《やつ》は飲むのだろう。

12時21分、ハノーヴァーに停車。ハンブルクからの一七八キロを七四分で走ったのだから表定速度《ひょうてい》（キロ数を所要時分で割った数値）は時速一四四キロ。在来線にしては高速である。ＩＣＥのために線路の改良をおこなったという。

ハノーヴァーはニーダーザクセン州の州都で、人口五〇万の商工業都市である。鉄道の要衝でもあって、構内は広い。

ハノーヴァーを発車すると、いよいよ高速新線区間に入る。ＩＣＥは、待ってましたと速度を上げ、たちまち時速二五〇キロぐらいになった。沿線風景も平原から丘陵に変った。

レストランカーへ行く。私たち一行は二組に分けて予約しておいたが、二時間も席の半分を占領したのだから一般の乗客に迷惑をかけたと思う。予約は二、三カ月前に申込んだのだが、出発間際《まぎわ》まではっきりした回答は来なかったらしい。

レストランカーが連結されている列車に乗ったのに、持ち込みのランチボックスを膝《ひざ》の上で開くのはわびしい。だから、なんとしてもレストランカーの予約を、と要望したのだが、こうしたことも鉄道ツアーの厄介な点であろう。

苦心の座席確保に比してランチ定食は格別ではなかった。スープにはじまったが、カレー味の何かよくわからないものを盛った皿が出て、あとはイチゴに生クリームだったように思う。私などの飲んべえたちは、ビールとワインさえあればご満悦だが、ご婦人たちは物足りなかったかもしれない。

されど、窓外の眺めが目まぐるしく変るレストランは鉄道以外にはないだろう。料理の質は問題ではない。

と、居直るのだが、このＩＣＥのレストランカーが、いつまで健在でいられるかは覚《おぼ》束《つか》ない気がする。日本の新幹線の営業的成功は西ヨーロッパ諸国の鉄道斜陽観を逆転するほどの大きな影響をあたえたのだが、食堂車となると不振で、「ひかり」の食堂車の大半はカフェテリアに置きかえられてしまった。何台もの車両を通り抜けて行かねばならぬ面倒、立席の客が占領してコーヒー程度で長時間ねばる等々、いろいろ理由はあるが、大勢としては、忙しい都市間特急と食堂車との体質が合わなくなってきている。やがて、「食堂車？　そんなものがあったの？」と若い人が驚くようになるのだろう。が、それはつぎの世のことで、いま私たちはレストランカーで移り行く窓外を眺めている。

小さな集落と駅を通過する。赤い瓦屋根《かわらやね》の民家の集まりのなかに教会の尖塔《せんとう》がある。牧場があり、牛が草をはんでいる。

13時00分、ゲッティンゲンに停車。「数学・物理学の分野で大きく貢献した学園都市」と地名事典にある。

ゲッティンゲンから二〇分でカッセル・ヴィルヘルムスヘーエという長い名の駅に停車。ここは高速新線用の新駅で、カッセル中央駅から四キロ離れている。丘を削って設けられた真新しいホームと駅舎があるだけで、中世いらいの町は見えない。ここはグリム兄弟が住んでいた町である。「ヴィルヘルムスヘーエ」は選帝侯の夏の離宮があったところという。

ドイツの国土は大味なので、とくに目をこらすような車窓風景はないのだが、南へ行くほどに丘の起伏は高まり、木々の茂みも濃くなってくる。ＩＣＥは時速二六〇キロぐらいで快走する。が、スピード感というものは、すぐ慣れてしまうので格別に速い感じはなくなっている。

13時50分、フルダに停車した。フランクフルト方面への幹線の分岐駅で、構内は広い。私は鉄道の要衝、という知識しかなかったが、バロック期の建造物が多く、「バロックの町」として知られる由。これも地名事典の知識。

フルダを発車してまもなく、「ラントリュッケン」トンネルに入る。長さ一〇・八キロ、ドイツでは最長の鉄道トンネルである。ここがエルベ川水系とライン川水系との分水界なのだが、険しい山岳地帯ではない。線路をまっすぐ敷くために奮発して長いトンネルを掘ったように思われる。

ちなみに、ドイツ国鉄は昨年一月に民営化された。日本の国鉄の民営・分割の成功を見習ったのだが、新幹線のぼう大な建設費などが新鉄道会社の大きな負債になった。

しかし、ドイツ政府はその債務の償還のためにガソリンなどの鉱油税を引上げた。これは日本が見習うべきことだろう。日本は自動車産業や道路建設ばかりを優遇・優先している。ケシカラヌと思うから機会あるごとにその旨《むね》を力説するが、私は鉄道マニアのレッテルを貼《は》られているので説得力がない。

ライン川の支流のマイン川が右から寄り添ってきた。堤防はなく、自然のままの渓流で、岸辺の木々の枝が早い流れの上にかぶさっている。上高地のような風景だ。

地図を開いて窓外の眺めとの対照に余念のないのがIさん（61歳）で、広島から参加した技術畑の人。定年を迎えたので今年からは念願の海外旅行に専念したいとおっしゃる。地図は二〇万分の一クラスの詳細なもので、私が持参した百万分の一とは比較にもならない。唐揚げのような風貌《ふうぼう》のIさんと頰を寄せ合って地図を見る。「いまはここですな」とIさんはご満悦である。

14時21分、ヴュルツブルクに停車した。これでハノーヴァーから三二八キロの新線区間（HW新線）は終りである。ヴュルツブルクは「ロマンチック街道」の起点をなす中世都市。

高速新線から在来線に入ると、風景が身近かなものに変る。新線は高架やトンネルや切通しばかりだが、在来線は自然の地形に従っているからである。

ライン川水系とドナウ川水系との分水界を過ぎる。北海側と黒海側との境だから大分水界のはずだが、さしたる上り下りもない。西ヨーロッパの地形はアルプスだけが際立っていて、あとは漠然、つかみにくい。西洋史がややこしいのは、こうした地形と無関係ではないだろう。

　このあたりから森林地帯に入り、窓外が薄暗くなってきた。在来線で速度を下げたICEは森のなかを走っている。深い森で、このなかに迷いこんだら途方に暮れそうだ。グリム童話集の怖い場面を思い出させる。

　車掌が来て客の一人一人に声をかけている。二度も検札をするのかと思ったが、そうではなく、コーヒーなどの注文をとりに来たのであった。こうした「兼務」は民営化されてからのことだろう。

　森林地帯を抜けて窓外が明るくなり、シュトゥットガルト方面からの線路が合流して、アウグスブルク着16時08分。ここもロマンチック街道の中世都市で、豪族フッガー家によって栄えた商都でもある。私は四年前、途中下車したことがある。

　すでにハンブルクから五時間。ICEは順調に快走してくれたが、格別の見所があったわけではない。概して変化に乏しい車窓であった。しかし、一行の皆さんに退屈の気配はない。鉄道に乗るのが目的のツアーだから当然と言えばそれまでだけれど、嬉しいことである。

「鉄道は長い時間乗ったほうが楽しいですね。二、三時間で降りたのではつまりませんね」

と、世間には通じにくい感想を述べるのは、茨城県ひたちなか市の漁協のKさん（56歳）。髪の一部をラヴェンダー色に染めたおしゃれな奥さんとの参加である。

大工場や高層住宅などが現れ、16時38分、ミュンヘン中央駅に着いた。

ポーターが、ドイツ人らしいキビキビとした動作で荷物を運搬車に積みこんでくれる。バスで「パーク・ヒルトン・ホテル」へ。

ミュンヘンは、ベルリン、ハンブルクにつぐドイツ第三の都市で人口一二三万。南ドイツの中心都市である。しかし、私は二度訪れたことがあるが、いまひとつ面白い町ではなかった。あすは9時30分発の列車でヴェネツィアへ向うので、観光の余裕はないが、それでよいと思っている。

が、ミュンヘンはビールの町。大ジョッキを握って陽気なバイエルンの民俗音楽を聞きながらグイっと飲みたい。

ミュンヘンにはビヤホールがたくさんあるが、観光ツアーとして行くとなれば、やはり「ホーフブロイハウス」だろう。一六世紀に宮廷のビール醸造所として建てられたという由緒《ゆいしょ》に加え、ヒトラーのナチス旗上げの場となって歴史に名を残すほどのビヤホールである。

ホーフブロイハウスには一九六一年、はじめての海外旅行で訪れたことがある。あのときは一階の大ホールで、客たちが歌ったり踊ったりしていた。まだ日本人が珍しい時代だったので、舞台に引っぱり上げられて何やら歌わされ、困惑した記憶がある。

きょうの席は三階の団体用らしいホールで、長いテーブルが横一列に並び、正面に舞台がある。日本人の団体もいる。「ホワイト・ビール」を注文する。「ホワイト・ビールが名物で、ビールの本当の味がするそうです」と教えてくれたのはJTBの小亀さんだったと思うが、白く濁った妙なビールで、酸味がかった臭《にお》いがあり、おいしくない。ビールの「ドブロク」のようだ。ミュンヘンに住みついて毎日飲んでいたら好きになるのかもしれないが、とりあえずは御免蒙《こうむ》りたい。あらためて生ビールを注文する。一リットルの大ジョッキがドスンと置かれる。

旅先で接するその土地ならではの「名物」は、概してうまくない。美味ならば全国に普及するはずである。「名物にうまいものなし」は言い当てている。けれども、せっかく異郷を旅しながら勝手知ったものばかり飲食していても面白くない。だから「ホワイト・ビール」を飲んだことを後悔してはいない。

ビヤホールなので、料理はソーセージに野菜の盛り合せ程度のもの。ビールも飲めない人が何人かいるので、このホーフブロイハウスでの夕食を提案した私としては申しわけない気になるが、かといって普通のレストランで上等な食事をすれば、「ホーフブロイハウスへ行かなかったのか」となる。この兼合いがむずかしい。

舞台では、さまざまなショーがおこなわれている。四、五メートルもありそうな長いホルンの奏鳴、裏声を駆使し尽した女性歌手のヨーデル、そして、ドレミファの音程別に分けられた数十個のカウベルを手際よく操っては振る二人組の演奏が面白い。

ホーフブロイハウスの外に出ると薄暮で、空気が爽《さわ》やかだ。ミュンヘンの標高は五二九メートル。高原のような心地よさである。

Mさん以下の若手に属する数人が、「私たちは市電に乗って帰ります」と言う。四日目の晩ともなれば自由が欲しくなるのはやむをえない。ここがローマだったなら阻止するが、ドイツは治安がよいので心配はないだろう。

ブレンネロ峠越え　ミュンヘン—ヴェネツィア

五月九日（火）。

九時まえにミュンヘン中央駅へ行く。きのうの夕方に到着した駅だが、あわただしく迎えのバスに乗りこんだので、大きな駅、という印象しかなかった。

しかし一夜明けて来てみると、なんとも立派な駅である。36番線まである頭端式ホームの偉容もさることながら、駅舎側は新装成った二階建ての商店街で、スナック、売店をはじめ各種の商店、レストラン、映画館もある。道路のない繁華街だ。

四年前にこの駅に来たときは暗い印象だった。ベルリンの壁が破られて東ドイツから流れこんできた人たちがコンコースにたむろしていた。

いまはちがう。ミュンヘン中央駅は何もかも斬新《ざんしん》で、新駅のようだ。日本でも国鉄の民営化にあたって最初に手をつけたのは駅の化粧直しだったから、それとおなじことなのかもしれないが。


私たちが乗るのは11番線から9時30分に発車する「EC」のローマ行で、オーストリアを横切り、アルプスをブレンネロ峠で越え、イタリアに入るというルートである。イタリアの車両で編成され、愛称は「ミケランジェロ」。すばらしい名称だが、ヘッドマークもテールマークもなく、各車両の行先標に小さな赤文字で「MICHELANGELO」とあるだけだ。

この「ミケランジェロ号」でイタリアのヴェローナまで行き、乗りかえてヴェネツィアへ向う予定である。

私たち一行に割り当てられた車両は昔懐《なつか》しいコンパートメントであった。三人ずつ向い合せの六人室である。通路側の扉を内側からロックすれば密室となる。密室殺人事件小説の名作を数多く生んだ構造である。

すこし鬱陶《うっとう》しいが、ヨーロッパの鉄道に乗りにきたからには、コンパートメントに一回ぐらいは乗っておきたい。

定刻9時30分にミュンヘン中央駅を発車した「ミケランジェロ号」はザルツブルク、ウイーン方面への路線を走り、ローゼンハイム（10時08分）で南へ分れ、山間に入る。クフシュタイン（10時34分）という国境駅に、ちょっと停車してオーストリアに入る。入国審査官が来たが、パスポートを差し出すまもなく、オーケーと行ってしまう。

11時00分ちょうど、イェンバッハを通過する。ここはヨーロッパの鉄道に関心ある人なら誰もが知る駅で、この駅を起点として北と南に二本の山岳鉄道が健在である。北へ向うのはアッヘンゼー鉄道で、小さなSLがトロッコ客車を、うしろから押し上げる。南側はツィラタール鉄道で、七六二ミリの軌間《ゲージ》ながら三一・七キロも先のアルプスの山ふところへと向う。

私はこの二本の鉄道に乗ったことがないので、窓外に目をこらしたが、それらしき車両がチラと見えただけで、「EC」はイェンバッハ駅を通り過ぎてしまった。

11時18分、インスブルックに着いた。ティロル地方の古くからの中心都市で、冬季オリンピックの開催地になるなどウインタースポーツで名高いところである。しかし町は小さく、私は一泊したことがあるが、どこへも歩いて行ける可愛《かわい》らしい都市という印象だった。駅舎も構内も小ぢんまりしている。

インスブルック（標高五七四メートル）を発車した。いよいよブレンネロ峠（標高一三七〇メートル）への登りにかかる。わずか三七キロのあいだに八〇〇メートルも登るのだから相当な急勾配《こうばい》である。スイスのアルプスの急峻《きゅうしゅん》さには及ばないが、ここもアルプスの東はずれの峠越えである。あたりには三〇〇〇メートル級の峰々がある。

あいにく、きょうは曇り空で、山が深くなるにつれて雲が厚くなった。アルプスの峰々は見えない。

列車は谷を見下ろしながら濃い樹木の山肌を曲りくねりながら登る。きわどい崖《がけ》っぷちを行く箇所もある。

勾配を上りつめて、11時59分、ブレンネロに着いた。「峠の茶屋」のような分水界にある駅で、ここがイタリアとの国境である。ブレンネロ峠はナポレオンのイタリア侵攻（一七九六年）のルートであり、ヒトラーとムッソリーニが手

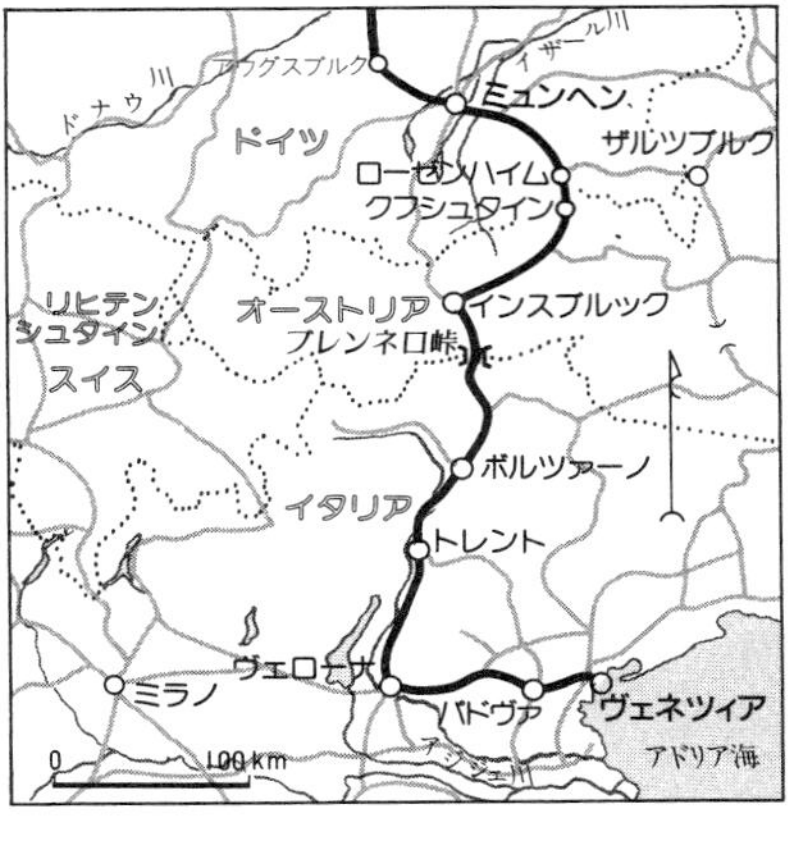

を握った（一九四〇年）場でもある。

世界史に恐ろしい爪跡《つめあと》を残すブレンネロ峠であるが、いまは静寂な国境駅だ。

ブレンネロでは一五分停車し、イタリアの電気機関車への付け替えがおこなわれる。「ピョー」という警笛が峠の駅に響く。

一行はホームにおりて背筋をのばし、互いにカメラを向け合う。「BRENNERO／BRENNER」の伊《い》独二カ国語併記の駅名標を背景に全員で記念撮影。霧とも小雨ともつかぬ天候だが、ひんやりした空気が心地よい。

ブレンネロを発車すると下りの急勾配になる。列車は右へ左へと曲りながら下って行く。

日本食の弁当が配られた。ミュンヘンのホテル調製の「幕の内」で、好評である。栃木県のOさん夫妻（57歳・53歳）は、「久しぶりで、おいしいですね」とおっしゃる。日本を出発してから五日目だが、外国旅行では「もう五日目か」と思う反面、その五日が何倍も長く感じられたりする。

列車は山間を渓谷に沿って下る。車窓の景観は、ブレンネロ峠への上りより険しく、左右に岩山がそそり立っている。

13時29分、ボルツァーノに停車。山峡のわずかな平地の町だが、人口は一〇万もあるという。標高は二六五メートルで、ブレンネロ峠から一一〇〇メートルも下ったわけである。

コンパートメントの窓から陽光がさしこんできた。通路に出て見上げると、青空がひろがり、白い積乱雲が盛り上っている。これは天候が回復したのではなく、アルプスとイタリアとの気象のちがいだろう。快晴のイタリアからスイスに入ると厚い雲という経験は何回かある。

きょうはその逆で、明るいイタリアに来たな、と思う。やはり天気は良いほうが楽しい。

左右の岩山は石灰岩質で、石切場が多い。白く削られて無残だが、平地はブドウ畑である。

トレント（14時02分）、ロヴェレート（14時15分）を過ぎる。イタリアの穀倉地帯のロンバルディア平原が近づいてきたが、依然として左右の岩山はつづく。すでにブレンネロ峠から二〇〇キロを越えている。さすがにアルプスはスケールが大きい。

ようやく岩山の間から脱出し、平野が開けてまもなく、15時04分、ヴェローナに着いた。私たち一行はここで下車し、ヴェネツィア行の列車に乗りかえる予定である。

ヴェローナは、古代ローマの植民地時代にはじまるほど歴史は古く、シェイクスピアの「ロミオとジュリエット」の悲しい物語はこの町の実話によるという。そして現在はロンバルディア平原の中心で、人口二六万の都市……。

が、そんなことはどうでもよい。私たち一行のヴェローナでなすべきことは15時54分発のヴェネツィア行の列車に乗りかえることだけである。

今回のスケジュールの立案者たる私としては、このヴェローナでの乗りかえが気にかかっていた。そして、危惧《きぐ》したとおりになった。

カートは二、三台しかなく、たちまち他の客に取られてしまう。ポーターもいない。ここは田舎駅なのだ。

ホームは長く、私たちが降り立ったのは東のはずれである。ヴェネツィア行の列車が入るのは北側の別のホームで、そこへの連絡地下道は遥《はる》かかなたにある。

これこそ鉄道駅の本来の姿で、時と場合によっては佳《よ》きかな、と眺めるのだが、きょうは事情がちがう。自力で大きなスーツケースなどを搬送するのは難儀な中高年層主体の一行である。

こちら側のホームのはずれに、線路上に板を敷いた通路がある。これなら近いし、地下道の階段を下り上りしなくてすむ。で、そこを渡ろうとすると、目の前に停っていた機関車が、けたたましい警笛を鳴らす。一般旅客通行不可の鉄道員専用通路なのだ。

長いホームを一五〇メートルぐらい重い荷物を引きずって地下通路へと下り、こんどは上りの階段である。

私を含めての高齢族は、階段を見上げてウンザリし、ひと休みする。埼玉県の浦和からご夫妻で参加したKさん（66歳・61歳）も息をはずませている。ご主人は肥満体の二重あごで、いつもニコニコとご機嫌、お酒も好きだし、私はひそかに「布袋《ほてい》さん」のアダ名をつけていたのだが、ここでは布袋さんらしからぬ困惑の表情である。

が、若い人たちが活躍してくれた。若いと言ってもYさん（52歳）、Mさん（45歳）、Nさん（41歳）、Iさん（39歳）などである。私の家内のスーツケースを運び上げてくれたのは富山県新湊《しんみなと》市のコンクリート会社に勤めるNさんで、時代劇の悪役をやらせたいようないい男である。無口な人だが、駅での乗り降りのたびに誰かしらの荷物運びをしてくれる。そのためにツアーに参加したようで、申しわけない。

ミラノ始発のヴェネツィア行の列車がやってきた。15時54分発だから乗りかえ時間は五〇分もあったのだが、待つほどもなく過ぎたヴェローナ駅の五〇分であった。

日本とちがって外国の鉄道駅はホームが低く、列車に乗るには垂直のステップを上らなければならない。荷物を運び上げるのも難儀だ。しかも、私たちが待機している場所と1等車の停ったところが、かなりズレていたので慌《あわ》てる。ここでも「若い人たち」のお世話になった。

ヴェローナ駅での乗りかえについて、くどくどと書いた。若い世代は、なんだそんなこと、と笑うだろう。しかし、彼らが笑えなくなる時が来る。その頃まで日本人がヨーロッパの鉄道旅行を楽しめる時代がつづくかどうか。私の知ったことではないけれど。

ようやく乗りこんだヴェネツィア行の列車は満員であった。イタリアの列車は、いつも混雑している。私たちは1等車のコンパートメントの指定券を持っているのだが、自由席の客たちが占拠している。それを小亀さんが追い出す。これまで贅沢《ぜいたく》な列車ばかり乗ってきたので、うらぶれた感じがするが、これが平均的なイタリアの汽車旅である。ヴェネツィアまでは一二〇キロ、一時間半だから大したことはない。

ヴィチェンツァ、ついでパドヴァに停車。ダンテが住み、ガリレオが大学で教鞭《きょうべん》をとった町である。

17時13分、ヴェネツィア・メストレに停車した。海上の町ヴェネツィアの対岸にある駅で、旧ユーゴ方面への路線が分岐する。

列車は右へカーブした。前方が明るく開け、海が見えてきた。いよいよ「ヴェニス」である。

堰堤《えんてい》の上を列車は行く。長さ四キロもの堰堤である。鉄橋でないのは海が浅いからだろう。地盤が軟弱なので橋脚を立てにくいのかもしれない。線路と海面との高低差はごくわずかだ。

列車は速度を下げ、駅の構内にさしかかる。線路が幾本も分れる。が、まだ海の上である。

17時25分、定刻にヴェネツィアに着いた。イタリアの列車は遅れるのが当りまえという時代があったが、最近は正確に走っているように思う。民営化の成果だろうか。

駅は、もちろん行き止まりの頭端式で、ホームに降りてから駅舎までの距離は長いのだが、ここは世界屈指の観光都市、ポーターがたくさんいる。駅名標は「ヴェネツィア・サンタルチア」。

駅舎を出ると船着場で、私たちは二艘《そう》のボートに分乗した。ヴェネツィアの交通機関は船だけである。

手をとって船内に引き入れてくれるイタリア人の陽気なこと。「ヴェニスで親切に手をかしてくれる男がいたらスリだと思え」というが、ここは大丈夫である。

ヴェネツィアは逆S字型の「大運河《カナーレ・グランデ》」が「メインストリート」で、大型の乗合船が頻繁に行き来している。

私たちの今夜のホテルは大運河の出口にあるので、このまま大運河を行くのかと思っていると、わがボートは、ひょいと右折して狭い水路に入った。表通りは混雑するので裏道を通りますよ、というタクシーの感じである。

裏路地の水路は狭く、迷路のように入り組んでいる。ゴンドラや自家用らしいボートがつながれている。

一方通行や進入禁止の標識がある。ヴェネツィアの運河は「道路」と同じなのだ。左右に建ち並ぶ家々は、床下浸水のごとくで、玄関の石を海水がヒタヒタと洗っている。ヴェネツィアは六世紀の昔、侵略を恐れたパドヴァ（前出）の人たちが砂洲《さす》の上に住みついたのが起源だというが、まったく奇妙な海上都市が形成されたものである。

ホテルに入って一憩したあと、夕食のために町へ出る。狭い石畳の路地、水路をまたぐ太鼓橋、歩きやすくはないが、クルマがないのが何より嬉《うれ》しい。自転車もない。

路地の奥の薄暗いレストランで夕食。メインはイカの墨のスパゲッティ。見た目はドス黒くて無気味だが、食べればおいしい。ドイツやスイスからイタリアに来ると、いつものことだが料理がおいしくなるのはなぜだろう。

ペンドリーノ　ヴェネツィア—ローマ

五月一〇日（水）。

きょうは14時42分発の「ペンドリーノ」でローマへ向う予定で、それまでは市内観光。曇り空だが、ロンドンやハンブルクとちがって、イタリアの「曇天」は明るい。

鉄道に乗るのが目的で、観光は二の次ぎのツアーではあるけれど、ヴェネツィアに来たからには若干の観光なしではすまされない。私はヴェネツィアは二度目だが、幾度でも訪れたい摩訶《まか》不思議な都市である。人口三三万、砂洲の上の市街は徐々に沈降しつつあるという。

ホテルの食堂で一行と朝の挨拶《あいさつ》を交し合う。みんな元気そうだ。

午前八時、ロビーに集合し、石畳の狭い道を歩きはじめる。太鼓橋の石段をヨイコラショと上る。運河にはゴンドラが舫《もや》って観光客を待っている。

クルマのない都市！　それだけでも嬉しい。路面電車も地下鉄もないのだが。

まずサン・マルコ広場へ行く。観光写真でおなじみの、鳩《はと》がたくさんいる広場である。小学生の団体が鳩たちと戯《たわむ》れている。女の子の可愛《かわい》らしさはどうだろう。

広場を囲んでいるのは、ヴェネツィア共和国時代の政庁などの建物で、列柱の回廊が三層に並んでいる。

それを見下ろすようにビザンチン風のドームを幾つもそそり立たせているのがサン・マルコ寺院で、ヴェネツィア観光の第一となっている。内部に入り、床も壁も天井もモザイクばかりの豪華さに目を見張りながら、ガイドさんの説明を聞き流す。

サン・マルコ寺院を出た一行はヴェネツィア名物のガラス細工の工房へ案内される。とろけた石英を火にあぶりながら瓶などの形につくり上げていく職人芸は面白いが、ここは観光みやげもの店で、二階に広い販売所がある。工房は客寄せの見世物らしい。棚に並んだ製品をつぎつぎに手にしては、叩《たた》いたり、テーブルの上に落としたりして堅牢《けんろう》であることを日本語の片言まじりで宣伝する販売係の手さばきと弁舌は、ガマの膏《あぶら》売《う》りさながらである。

一行の奥さんたちが、買う。わが家内も買おうとする。なぜかと問うと、「このグラスのセット、日本で買ったらとても高いのよ。絶対買うわ」と意志が固い。

その店を出ると、細い運河に船着場があって、ゴンドラが観光客を待っている。JTBの小亀さんが乗船希望者をつのる。しかし、意外にも不人気で、乗ったのはKさん夫妻だけであった。が、Kさんはご機嫌で、カメラを向ける私たちに手を上げる。昼食まで自由行動ということで、夫婦組はつぎの買いものの場へと消え、私は単身参加の男性たちを誘ってサン・マルコ寺院の大鐘楼にエレベーターで昇る。高さ九七メートル。赤瓦《あかがわら》屋根がびっしりと寄り集ったヴェネツィアの全景が見渡せた。

正午、指定された場所に集合し、薄暗いレストランで昼食をすませ、いったんホテルに戻ってからモーターボートで駅へ向う。

サンタルチア駅には14時42分発のローマ行のETR450形の「ペンドリーノ」が赤くて丸い顔を突き出して入線していた。ETRとはElectrico Treno（電気動力列車）、ペンドリーノは「振り子」の意で、急カーブでも振り子仕掛けによって車体を傾け、スピードを下げずに通過しようという構造である。中央西線、紀勢線、伯備線などでおなじみだ。

ETR・ペンドリーノはイタリアの看板列車であるが、この450形は、やや古いタイプで、デザインもイタリアにしては野暮ったい。これより新しい460形のほうがスマートで車内設備もよいのだが、ミラノ―ローマ間に使用されていてヴェネツィアからの客を相手にしてくれない。

今回のツアーの行程を作成するにあたって私は、ミラノで一泊して460形に乗るか、ヴェネツィア観光の代償として450形で甘んじるかで迷ったが、後者を選んだのであった。なお、ETRには500形という最新型が完成しており、写真で見ると、さすがはデザインの国イタリアならではの外観である。まだ営業運転には使用されていないが、ローマ駅の構内かどこかでお目にかかれるかもしれない。

それはとにかく、赤いお尻《しり》の最後尾車を背景に記念撮影をすませ、ETR450形の編成を見て歩く。2等車四両、1等車四両で、レストランカーやビュッフェ車はない。460形ならばレストランカーが連結されているはずなのだが。

短くて単純な編成なので、たちまち先頭車まで来てしまう。短いと感じるのは機関車がないからでもある。ＥＴＲ450形・460形は日本の新幹線と同様に「電車」なのである。欧米の長距離列車は、すべて機関車が客車を牽引《けんいん》するタイプである。日本の新幹線を見習ったはずのフランスのＴＧＶも電車ではなくて動力車を前後に配した「客車列車」である。今回のツアーで乗ったユーロスターやドイツのＩＣＥも客車列車であった。

客車列車では、モーターの振動が床下から伝わってこないし、乗り心地はよいが、電車と大きな差があるわけではない。電車と客車列車の技術上の比較をする知識は私にはないが、ヨーロッパ人は頑《かたく》なに旧態な機関車牽引の「客車列車」に固執しているかに見える。空襲で破壊された跡に元どおりの古い家並みを再建するヨーロッパの人たちの執念、それとおなじなのだろうか。

その点、イタリアがＥＴＲ450形、460形を「電車」にしたのは、わが友の感じがする。だがＥＴＲの最新型の500形は「客車列車」である。やっぱり電車は肌に合わないのだろうか。

先頭車の運転席でカメラの櫻井さんが手招きしている。運転士を口説いたらしい。

運転席に坐《すわ》ってみる。陽気な運転士は、私がレバーを握ったりしても笑って見ている。日本の新幹線の運転席に入り込もうとしたら面倒な手続きを要する。

定刻14時42分、ローマ行のＥＴＲ450形・ペンドリーノはヴェネツィアを発車した。ローマ着は19時05分の予定である。

ローマまでは五七三キロあるが、高速新線の区間はフィレンツェ—ローマ間なので、フィレンツェまでは在来線を行く。

きのう乗った路線をパドヴァまで戻り、左に折れてロンバルディア平原を南へ向う。穀倉地帯で、小集落が点在している。民家のつくりはドイツやフランスより質素だ。列車の速度は一三〇キロぐらいで、日本の在来線の特急程度。

ロヴィーゴ県の県都のロヴィーゴに停車（15時38分）し、平野を坦々と走るうちにポー川の鉄橋にさしかかる。

今回のツアーに参加するにあたり、私は手書きの簡単な沿線案内図をつくって一行の皆さんに配付した。ポー川については「イタリア第一の川」と注意を喚起しておいた。この線に私は乗ったことがないが、満々たる水量の大河を長い鉄橋で渡る情景を想像していた。

けれども、鉄橋は短く、水量も少なかった。灌漑《かんがい》や工業用に水が吸いとられたのだろう。

ポー川を渡るとフェルラーラに停車（15時57分）。城壁に囲まれた中世都市で、ルネサンスの一翼を担《にな》った文化の町でもある。が、車窓から見えるのは倉庫ばかりだ。

フェルラーラを発車した列車はロンバルディア平原を横切り終え、ボローニャに近づいた。世界最古の大学があるなど、由緒《ゆいしょ》だらけの都市だが、交通の要衝でもあり、駅の構内は広い。

ミラノとローマを結ぶ幹線の主要駅なので、私は幾度も通ったことがあるが、この駅に進入するのは難儀で、停止と徐行をくりかえし、一〇分や一五分遅れるのは当りまえだった。

今回はどうかと注目していると、場内信号で停車したが、待つほどもなく動き出し、三分遅れでボローニャのホームに停車した。民営化の成果だろうか。時刻は16時33分。

ボローニャを発車するとアペニン山脈の横断にかかる。長靴形のイタリアの背骨をなす山脈である。

山間なのでカーブが多い。ペンドリーノ（振り子電車）は威力を発揮し、右に左にグイと傾きながら勾配《こうばい》を上って行く。速度は平地と変らない。

イタリアの鉄道では最長のアペニントンネル（一八・五キロ）に入る。八分ぐらいで抜けてくれるが、アペニン山脈がどんな景観なのかわからない。

まもなくフィレンツェであるが、ペンドリーノ型の特急列車は中央駅には入らず、バイパスを通って郊外のフィレンツェ・リフレディという駅に停車する。中央駅は市内に突っこんで行止りとなる頭端式なので、出入りに時間がかかるからだろう。

17時30分、フィレンツェ・リフレディを発車した。いよいよ待望の新線区間に入る。この新線は「ディレッティシマ（直行）線」と名づけられている。曲りくねったフィレンツェ—ローマ間の在来線とは別の、まっすぐな新線を建設したのである。ローマまでの三二〇キロが二六四キロに短縮され、所要時分は四時間が一時間三五分になった。

この新線が着工したのは一九七〇年、完成は一九九二年五月。二二年も要している。イタリアの経済力など理由はいろいろあるだろうが、ノンビリした話ではある。が、とにかく完成したのは目出たい。

しばらく在来線を走ったペンドリーノは新線に入った。電柱や切通しのコンクリート壁などが真新しくなるので、それとわかる。「これからが新幹線です」と一行に告げる。

新しいトンネルに入る。抜けれ

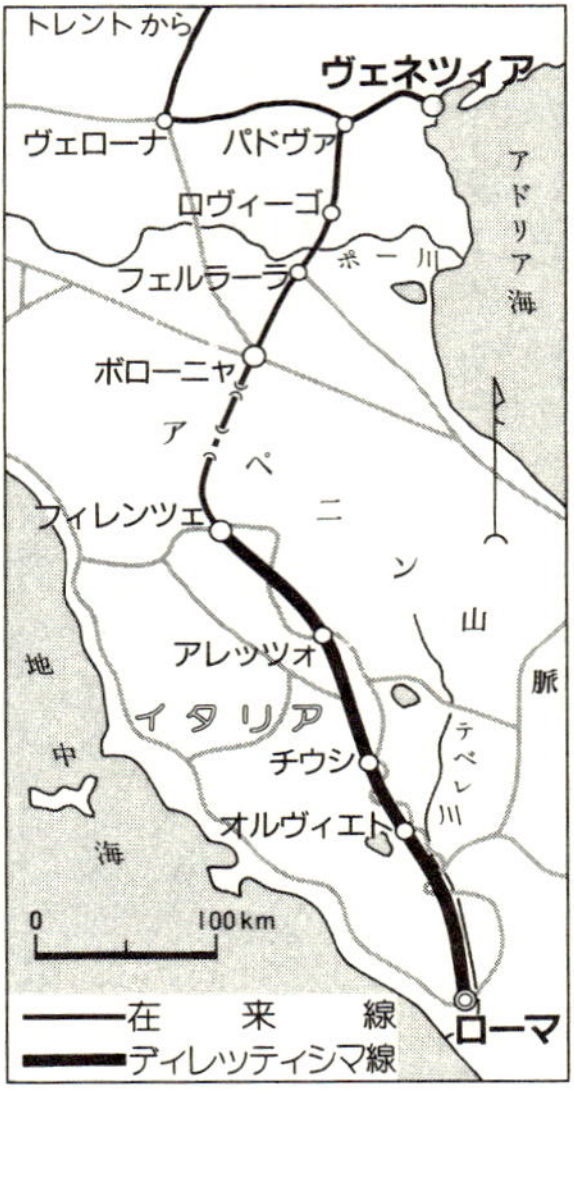

ば車窓の眺めの飛び去りぐあいが、これまでとはちがう。時速二〇〇キロをこえている。つぎつぎにトンネルに入る。そのたびに耳の鼓膜が圧迫される。日本の新幹線とちがって気密構造になっていないようだ。

左窓の遠くに中世都市として有名なアレッツォがあり、在来線は大きく西へ回ってアレッツォに立寄っているが、新線はまっすぐ南へ向う。沿線はヒマワリ畑が多い。六月になると大輪の花で埋まって壮観なのだが、まだ咲いていない。

窓外の眺めは平凡だ。丘陵にはさまれた細長い平地を行き、ときどき短いトンネルに入る。

このあたりから右窓の丘に、中世いらいの集落がつぎつぎに現れてくるはずである。住みにくい丘の上にあるのは外敵に対する守りのためだろう。知らぬまに通りすぎたのではもったいないので、私は一行に配付した沿線案内には「この区間、右窓の丘の上に小さな中世都市がいくつも見える」と記してある。

その効果があってか一行の皆さんが右窓に注目している。MさんIさんたちの若いグループは右窓に目をこらしながら、「私たちはイタリア中世都市の研究家です」などと言う。ちょっと皮肉っぽいが、わるい感じではない。

だが、右窓の丘にそれらしきものは現れない。私はこの区間を幾度か通ったことがあり、そのたびに丘の上に点在する古い城壁や町を見てきたのだが。

旅、とくに車窓の印象は、あいまいである。一回目に見えたはずのものが二回目には見えなかったりする。

自分の記憶力が不安になりかけた頃、ようやく丘の上に中世に築かれたらしい集落が、つぎつぎに現れてきた。

そして18時25分、城塞《じょうさい》のような町を見上げながらオルヴィエト駅を通過する。イタリアの有名な中世都市のなかで、車窓から、その形状がよく見えるのは、このオルヴィエトだけかもしれない。

これで、いちおう面目が立ったと、ひと安心していると、Sさんが左窓を指さして、

「あちらにもありますね」

と言う。Sさん（57歳）は滋賀県の大津から夫婦で参加した人で、三洋電機系列の洗濯機メーカーの重役である。私は「右窓」にばかり一行の注意を喚起していたが、なるほど、「左窓」にも石垣の上の古い集落がある。それも一つではない。二つ、三つ、四つと続々と現れる。幾度もこの線を通っているのに、なぜ気がつかなかったのかと思う。

櫻井さんと運転席へ行く。愛想よく迎え入れてくれた運転士はヴェネツィアのときとは別の人である。ボローニャで交替したのだろう。

速度計が二五〇キロを示している。

いまや驚くスピードではないが、運転席から見る機会ははじめてだ。白い帯と化した道床砂利《バラスト》は激流のよう。両側の電柱がパッと扇のように開く。

これが時速二五〇キロなのだと私は感じ入ったが、櫻井さんは醒《さ》めていて、

「この列車は乗り心地がわるいですね。ICEにくらべると、振動や揺れがひどいです」

と言う。

「電車だし、振り子だから、しょうがないのでしょうが、たしかに乗り心地はわるいですな」

と私。

こんな勝手な対話ができるのは外国旅行ならではで、私たちが何を話し合っているのか運転士にはわからない。

運転席からの眺めは面白い。新線ルートの選定や在来線とのかかわりぐあいなどがよくわかる。

いつのまにかテベレ川が在来線とともにからみ合っている。テベレ川はローマを経て地中海へと流れ下る川で、ルネサンスの抗争に明け暮れた時代には血で赤く染まった川である。が、いまは過去を忘却した平凡な川だ。

沿線の風景は赤茶け、地味も瘦《や》せているかに見える。首都のローマが近づいたという

のに民家のつくりも、ロンバルディア平原より質素になった。イタリアはミラノを中心とする北部が富み、中部・南部は貧しいという。

陽気な運転士に礼を言って1等車に戻ると、Oさんに呼びとめられた。この稿のはじめに記したように仙台から単身参加の気の強そうなおばさんで、

「この座席番号のつけかた、変ですねえ。ちっともわからないわ。説明してください」

とおっしゃる。ヨーロッパの座席番号のつけかたが変てこりんなことは承知していたが、それによって困惑した経験がないので、なぜかと考えたことはなかった。

この1等車の座席の配置と番号は上のごとくである。通路をはさんで前向きに二列一列の単純な配置なのに、なぜこんな番号をつけたのか。

「わかりません」と答え、席に戻って窓外に目をやったが、Oおばさんの質問が気にかかる。

それでIさんを相談相手にした。Iさんはすでに記したように広島から単身参加した技術者で、地図と窓外とを見くらべて余念のな

72	71	62	61	52	51	42	41	32	31	22	21	12	11
	73	64	63	54	53	44	43	34	33	24	23	14	
76	75	66	65	56	55	46	45	36	35	26	25	16	15

ＥＴＲ450形ペンドリーノ１等車の座席番号

い人である。

二人で鳩首《きゅうしゅ》協議の結果、どちらからともなく「コンパートメント」が発想され、納得がいくことになった。つまり十の位の数字はコンパートメントの部屋番号、一の位の数字は奇数が前向き、偶数はうしろ向き（逆方向の場合はその逆）を示しているのだ。この推理は正しいと確信することができる。どうでもよいことだが、一つの勉強をした。

結論を報告すべくOおばさんの席へ行く。「あ、そう」と、いまひとつ張り合いがない。

左から在来線が合流すると、新線区間は終り、ペンドリーノは速度を下げて定刻19時05分、ローマ・テルミニ駅に着いた。映画の「終着駅《テルミニ》」の舞台にもなった旅情に富んだ駅のはずだが、頭端式の長いホームの上に味気ないコンクリートの屋根がかかっている。テルミニ駅は、駅前広場から眺めるとよい。現代的なデザインの駅舎の左側に古代ローマの城壁が突っこんでいるのである。それが違和感をあたえずに調和している。二〇〇〇年もの歳月の差が、そうさせるのだろうか。

一行の皆さんに見せたかったが、あいにく迎えのバスの位置がわるく、諦《あきら》める。が、とにかく、ハンブルクから鉄道を乗り継ぐこと三日、一八三九キロ（パドヴァ―ヴェネツィア間を除く）を走ってローマまで南下した。緯度の差は約一二度。サハリン南部と東京の差とほぼおなじである。ハンブルクやミュンヘンは爽《さわ》やかだったが、ローマの空気は生ま温ったかい。湿度も高いようだ。

今夜のホテルは市の中心部から離れた「ホリデイ・イン」なので、ホテルに入るまえに市内のレストランで夕食。イカの前菜、ムール貝のスープ、焼きエビ、スパゲッティだったと思うが、私のメモ帖《ちょう》には「これまでの夕食で最上」と書いてある。料理よりワインのほうに関心があるので、あてにならないが。

ワインを十分に飲み、よい気分でバスに乗る。一人旅ならば、タクシーに乗るにしろ、地下鉄に乗るにしろ、緊張感があって酔いの半分は醒めるのだが、団体バスはいいものだ……。緯度が南に下ったので、五月の日暮れはドイツなどより早く、あたりは暗くなっている。

お酒と料理で腹くちて陶然とバスに揺られているうちにホリデイ・インに着いた。今回のツアーは豪華なホテルばかりに泊ってきたが、このホテルはやや格が落ちる。フロントは人だかりし、ロビーは東南アジアからしい団体で雑沓《ざっとう》し、坐るところもない。上等なホテルはどこも満室で、予約できなかった由《よし》。

ようやく部屋に入り、のどが渇いたので冷蔵庫を開けると、中は空っぽ。しかたがないので一階のバーへ行くと、お酒の好きなKさんたちが坐っている。楽しく飲む結果になる。

五月一一日（木）。きょうも晴れ。イタリアの空は、ひときわ青い。白い積乱雲が盛り上ってまぶしい。

バスでローマの半日観光。トレヴィの泉では露天商が日本の新聞を売っている。衛星送信による現地印刷なので日付は日本とおなじ、昨夜のプロ野球の結果を知ることができる。紙面も鮮明だ。値段は四〇〇〇リラ（約二五〇円）。この日本の新聞は、これまでに泊ったホテルの売店にも置いてあった。朝日、毎日、読売、日経などである。すごい時代になったと思うが、そんなことに驚くほうが時代遅れなのかもしれない。

つぎにコロッセオ。有名な遺跡は観光客で雑沓するので、バスの駐車場は離れたところにある。ローマは起伏の多い都市である。われら中高年層のツアーにとっては坂道はシンドイ。

コロッセオは入場無料であった。入場料を徴収したなら、ぼう大な収益になるだろうに、ローマ市はおっとりしている。キリスト教徒をライオンの餌食《えじき》にしたという円形スタジアムを背景に互いにカメラを向け合う。

つぎはヴァティカン。ここは何もかも規模が大きい。ゆるやかに傾斜した石畳の広場の広いこと。ミケランジェロのデザインによるという衛兵の制服は赤と青と黄の大胆なタテ縞《じま》だ。サン・ピエトロ大聖堂に入れば、内陣のドームは高さ四〇メートルとか。その半分ぐらいにしか感じられないのは、当方の目の測定力が狂ってしまうからだろう。死せるキリストを抱くマリア像がある。ミケランジェロの二五歳の作で、マリアは娘のように若く、お父さんを抱いているような感じだが、その初々《ういうい》しさがすばらしい。衣のヒダなど本物の布に見える。

聖ピエトロ（ペトロ）のブロンズ像がある。暴君ネロによってペトロが殉教したのはこの地である。だからサン・ピエトロ大聖堂が建てられた。

ペトロ像の右足の甲は削られたように、のっぺりしている。何百年のあいだ、接吻《せっぷん》されたり撫《な》でられたりしてきたので、すり減ったのだという。

ヴァティカンに来たからにはシスティーナ礼拝堂のミケランジェロの大壁画「最後の審判」に一行を案内したいが、これを見るには長蛇の列で、時間と忍耐を要する。だからスケジュールには入れていない。

ローマの半日観光を終え、空港に近い畑のなかのレストランで昼食をすませ、めくるめくほどに晴れあがったフィウミチーノ空港から14時30分発のアリタリア航空でマドリードへ向う。

私の席は右側なのでコルシカ島が見える。左側の席の人はサルディニア島を見下ろしているのだろう。

地中海上を飛び終えてイベリア半島にかかる。赤茶けた大地が広がる。

一七時すこし前、マドリードのバラハス空港に着陸。まっ平らな土地があり余っているようなところだ。ランプには、アフリカの国々の聞いたこともない航空会社の中型ジェットが色とりどりの塗装で駐機している。

バスで市の中心にある「パレス・ホテル」に入る。古くて格式の高いホテルである。ここで二泊し、あすは新幹線の「ＡＶＥ」でセビーリァを往復する予定になっている。

夕食のレストランは、これまでより格段に上等だった。団体用の長テーブルなどない。インテリアも重厚で、ウエイターの恰幅《かっぷく》もよい。

メインの料理は焼き混ぜめしのパエリアで、直径一メートル近くもありそうな鉄の平鍋《ひらなべ》から各自の皿に盛りつけてくれる。触れたら大やけどをするから、身をちぢめる。

私夫婦の席は四人用の小テーブルで、同席はＡさん夫妻である。Ａさん（69歳）は商社マンとしてインドネシアのジャカルタに長いあいだ駐在していた人である。いろいろ雑談したが、話が何かにつけジャカルタに回帰してしまう。

ホテルに戻る。レストランもよかったし、ホテルもよいので、皆さんご機嫌がいい。

名残り惜しいので、バーにとぐろを巻く。旅も最終段階になると、みんな本性をあらわしてくる。その詳細は省略するが、あらためて、さまざまな人生があることを知らされる。このツアーに参加してよかったと思う。

AVE　マドリード―セビーリァ

五月一二日（金）。晴れ。

マドリードには鉄道のターミナルが三つある。フランスやバルセロナ方面の列車が発着するのがチャマルティン駅で、表口だ。南のアンダルシア地方へ行く列車はアトーチャ駅から出る。東京駅と上野駅との関係に似ている。そのほかにノルデという西北の田舎への小さなターミナルがある。

私は一五年前、はじめてアトーチャ駅に足を踏み入れたとき、なんと陰惨な駅かと思った。スペイン南部の貧しさが伝わってくるのだ。それは戦前の上野駅を思い出させるものがあった。

そのアトーチャ駅へ私たちは徒歩で向っている。ホテルから近いのである。

アトーチャ駅は旧態な面影をとどめながらも面目を一新していた。

一九九二年に南部のセビーリァで万国博覧会が開かれた。それを機にマドリード―セビーリァ間の高速新線が建設された。その年にはバルセロナ・オリンピックも開かれている。東京オリンピック（一九六四年）の年に東海道新幹線が開業したのと事情は似ている。

新線の名はNAFA線。Nuevo（新しい）Acceso（通路）Ferroviario（鉄道）Andalucíaの意である。これによってマドリード―セビーリァ間が一〇一キロも短縮され、四七二キロになった。スペインの鉄道の軌間《ゲージ》は一六六八ミリであるが、NAFA線はヨーロッパ諸国とおなじ一四三五ミリの標準軌で敷設《ふせつ》された。

この新線を走る列車が「AVE」で、Alta（車両）Velocidad（高速）Españolaの意。最高速度は時速二七〇キロで、マドリード―セビーリァ間の所要時分は六時間から二時間半に短縮され、飛行機の客が四分の一に減ったという。何もかも東海道新幹線の登場に似ている。

その新幹線のターミナルになったのがアトーチャ駅で、大改造された。真新しいガラス張りの大ドームの下には、さまざまな木や草が植えられ、花も咲いて熱帯植物園のようだ。なぜ駅にこんなものをと思うが、あの陰鬱《いんうつ》だったアトーチャ駅を回想すれば、祝福したい気持になる。

さて、AVEへの乗車となるのだが、専用のゲートがあり、手荷物がX線の検査を受ける。空港のようだ。

私たち一行が乗る9時00分発のセビーリァ行のAVEは、すでに入線していた。その格好のよいこと！　AVEはフランスのTGVの変種で、製造したのもフランス系の会社であるが、車体の丸みに優しさがあり、愛くるしい。

発車まで二〇分もあるので、編成を見て歩く。先頭の動力車は白く丸い顔で、鼻の上に鳥の羽をあしらったAVEのマークがある。

客車は8号車、7号車の順。車両の継ぎ目に台車のある連節車である。

AVEの等級は三段階になっている。8号車から5号車までが二人掛け縦列の「トゥーリスタ」、4号車がカフェテリアで、3号車が最上等の「クラブ」車。四人用のコンパートメントと窓際《まどぎわ》に一列のオープン席という類のない配列になっている。2号車と1号車は「プレファレンス（優等）」車で、一人掛けと二人掛けの縦列である。私たちが乗るのはこの車両。

運賃は時間帯によって差があり、始発

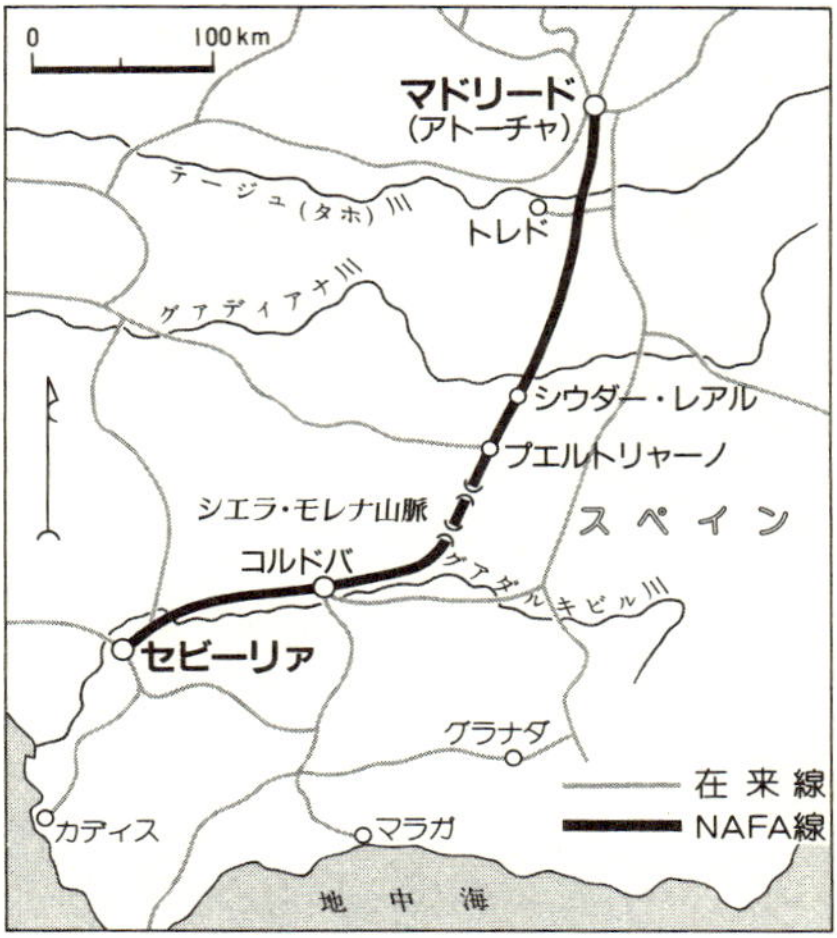

の7時00分発は安く、14時00分発と19時00分発は高い。私たちの9時00分発のプレファレンスの場合は一万一五〇〇ペセタ（約九〇〇〇円）。日本の新幹線のグリーン車とくらべると格段に安い。しかも、クラブとプレファレンスでは食事のサービスがある。ますます安いと嬉《うれ》しくなるが、これは日本の新幹線の運賃・料金が高過ぎると言うべきだろう。

NAFA線とAVEについて書きたいことはいろいろあるが、これぐらいにして、定刻9時00分、AVEはアトーチャ駅を発車した。

超近代的なアトーチャ駅の構内を出はずれると、古い町並みを行く。家々のつくりはフランスやドイツより質素だ。スペインに来たなと思う。

が、それも束《つか》の間《ま》で、AVEが時速二五〇キロぐらいに速度を上げたときは窓外にオリーヴ畑が広がった。

ラ・マンチャ地方にさしかかる。『ドン・キホーテ』の舞台にされたところで、赤土の荒野がゆるやかに起伏するだけの不毛地帯である。なんでこんなところに鉄道を、という虚無感みたいなものを覚えるが、この先きにコルドバやセビーリァがあり、それを目指してAVEは走っている。乗り心地はすこぶるよい。新線上を動力車牽引《けんいん》で走るのだから当然だろうが、滑るような乗り心地だ。

シウダー・レアルという駅を通過する。工場が二つ三つある程度のところで町も小さい。

「車内食」が配られた。スチュワーデスの愛想はよく、遠足でお弁当をもらった小学生のような気分になって楽しいが、まだ午前一〇時で、腹はすいていない。私は眺めるだけだが、食べる人は食べる。

ゆるやかに起伏していた大地の、その起伏が大きくなり、シエラ・モレナ山脈にさしかかる。大した山脈ではないが、三つのトンネルを抜けると、景観が変る。ここからがアンダルシア地方で、イスラム教徒の侵略と支配を受けた地域である。白壁の家々。ここは別のスペインだ。

10時42分、コルドバに停車。新しい地下駅である。私はマドリードからコルドバまで五時間ぐらいかかって来た経験があるので、さすがに速いと思う。コルドバはイスラムに支配されていた頃のアンダルシアの中心都市である。

コルドバを発車したAVEは最終目的地のセビーリァを目指して快走する。左に在来線、その向うには大西洋へと流れ下るグアダルキビル川が寄り添っている。

2　地中海岸と南アルプスの列車

タルゴ　マドリード―バルセロナ

これまでは「高速新線の列車」という団体旅行の記録であった。

パリからはじまって、ロンドン、ハンブルク、ミュンヘン、ヴェネツィア、ローマ、マドリード、セビーリァをめぐりつつ、観光、買いもの、列車の乗りまくりに飛行機を加えての九日間の強行軍であったが、楽しかった。私たち夫婦は参加者の皆さんと仲よしになった。

スペインの高速新線「AVE《アヴェ》」でマドリード―セビーリァ間を往復し、全行程を終えた一行は最後の晩餐《ばんさん》で別れを惜しんだあと、翌五月一四日（土）の早暁《そうぎょう》五時、帰国の途につくべく、空港へのバスに乗りこんだ。

それを私たち夫婦は手を振って見送った。私たちは、きょうから夫婦二人旅に変貌《へんぼう》し、バルセロナ、マルセイユ、ニース、リヨンなどを周遊するというスケジュールを組んでいる。

なんとなく申しわけない気がするし、別れの淋《さび》しさもあったが、部屋に戻ってひと眠りし、再度目を覚ましてカーテンを開ければ、スペインの初夏の陽がさしこんできた。

タクシーにスーツケース二つを積みこんで、チャマルティン駅へ向う。パリやバルセロナ方面への列車が発着する駅で、マドリードの市街地の北はずれにある。

これからは二人だけの個人旅行。慣れているつもりだが、きのうまでは大船に乗ったような団体旅行だったので、気持を引きしめねばならない。けさの別れの際に添乗員の小亀さんが、

「スリやヒッタクリなどが多いのはマドリードがいちばんで、つぎがローマ、三番目がバルセロナだそうです。お気をつけて」

と言った。スペインが一位と三位を占めている。オリンピックや万博を機に悪い連中がはびこったのだろう。その一位と三位とを結ぶ列車に、これから乗るわけだ。

「なんだか心細いわ」と家内が言う。

だが、そんなことばかり心配していたのでは旅は楽しくない。安全第一なら外国旅行などしなければよい。

私たちの若干の不安をよそに、タクシーの運転手は陽気で、スペイン訛《なま》りの英語で話しかけてくる。

どこへ行くかと訊《たず》ねているらしいので、「バルセロナ」と答えると、「オー」と両手をハンドルから離して大仰に広げる。何も驚くことはないと思うが、スペインやイタリア

の運転手はハンドルから両手を離す傾向がある。

このタクシーでバルセロナまで行ってくれ、と誤解されては大変なので「エスタシオン（駅）・チャマルティン」と大声を出して念をおす。

チャマルティン駅に着いた。三階建ての大きな駅で、列車のホームは二階に並んでおり、1番線から21番線まであって、壮観である。

11時00分発のバルセロナ行「タルゴ」374列車は、三〇分前なのに、すでに17番線に入っていて、独特の丸っこいお尻《しり》をこちらに向けていた。ヨーロッパ諸国のターミナル駅は番線の数が多いのに比して列車本数が少いからであろう。番線の不足に悩まされている日本のダイヤ作成者や車内清掃係にとっては羨《うらや》ましいことだろう。しかし見方を変えれば、線路や番線の使用効率が低いからであって、ヨーロッパの鉄道経営者からすれば日本が羨ましいにちがいない。

「タルゴ」の編成を見る。

先頭は電気機関車で、2等車六両（通路をはさんで二席ずつ）、ビュッフェ車、1等車三両（二席と一席）、電源車の順である。

計一一両の編成だが、タルゴの車両は短いので、一般の列車の六両分ぐらいしかない。

蛇足かもしれないが、タルゴについて説明しておきたい。

スペインの鉄道の軌間《ゲージ》(レールの間隔)は一六六八ミリで、欧米諸国の標準軌(一四三五ミリ)より広い。しかし、スペインの路線はカーブが多く、スピードが出せない。

そこで考案されたのがタルゴで、設計は徹底している。車両の長さは従来の約半分の一一メートルとし、重心を下げるために天井や床を低くし、かつ軽量化した。さらには、各車両を独立したものとせず、車両と車両との間に一軸の車輪をつけるという「連節式」にしている。クネクネと蛇のように走ろうという設計である。

なお、タルゴ(TALGO)とは、Tren Articulado Ligero Goicoechea y Oriol の略で、上から順に訳すと、「列車」「関節」「軽量」、最後の二つは二人の考案者の名だという。


定刻11時00分、バルセロナ行のタルゴは音もなく動き出した。車両が小型なので、私たちが乗っている1等車の定員はわずか二七人。バスのような感じがする。客は七、八人で、空席が目立つ。

窓から強い陽光が差しこんできた。空には雲のかけらもなく、完璧《かんぺき》な快晴である。

マドリードの近郊には工場などがあるが、まもなく消え失《う》せ、近景は牧草地や畑や荒れ地、背景は赤茶けた丘、というスペインらしい風景になる。

そこから先きは坦々《たんたん》として窓外の眺めが変らない。

列車が走っているのはイベリア高原で、起伏はあるがトンネルを掘るほどの所もない、といった大味な地形をなしている。

しかし線路はクネクネと曲りくねっている。わずかな起伏にも逆らわずに、等高線のまにまに線路を敷いたように思われる。タルゴは右へ左へと車体を傾けながら走る。景色は単調、快晴で陰翳《いんえい》なし。のどかな汽車旅の楽しさと退屈とが混じり合う。ビュッフェ車へ行く。あまりに明るくて、ビールもサンドイッチも無味乾燥に感じられるほどだ。

13時15分、カラタユドという駅に停車。七分遅れだが、マドリードから二四二キロの地点だから日本の在来線の特急より速い。

家内は居眠りをしている。汽車好きの亭主とのつき合いが退屈なのは、わかっている。都市から都市へと飛行機で移動し、名所見物、買いもの、レストランで時を過ごすほうが楽しいにちがいない。車内が明るいので、顔の小皺《こじわ》が目につく。

列車はイベリア高原を抜け、エブロ川の流域に入った。オリーヴやブドウの畑が広がる。エブロ川はスペインでは三番目くらいに大きい川で、ピレネー山脈の西部を源とし、地中海に注いでいる。

ひさしぶりに工場やビルが現れ、14時02分、サラゴーサに停車した。きょうの途中駅では、いちばん大きい町である。「サラゴーサ州の州都で人口五九万、農業機械、セメント、ガラス、チョコレート工業がある。ローマ時代の軍営所在地。西ゴート族の支配を経て、ムーア人が占領、一二世紀にアルフォンソ一世により奪回……」と地名事典にはある。が、「Zaragoza」の駅名標を眺めるだけである。

サラゴーサを発車したタルゴは、エブロ川を渡って、ふたたび丘陵地帯に入る。ピレネー山脈へつながる山地の裾《すそ》である。サラゴーサから地中海岸へはエブロ川に沿う路線のほうが近道なのだが、このタルゴは北側の山地に入って遠回りをする。レリダに立ち寄るためらしい。

また景色が単調になる。赤茶けた丘、わずかな耕地、通過する小駅のホームには人影がなく、強い日差しが、くっきりと駅舎の影を落とすのみである。耕地はあるが、働く農夫や農婦の姿はない。けだるく明るすぎるスペインの内陸部の昼下り。

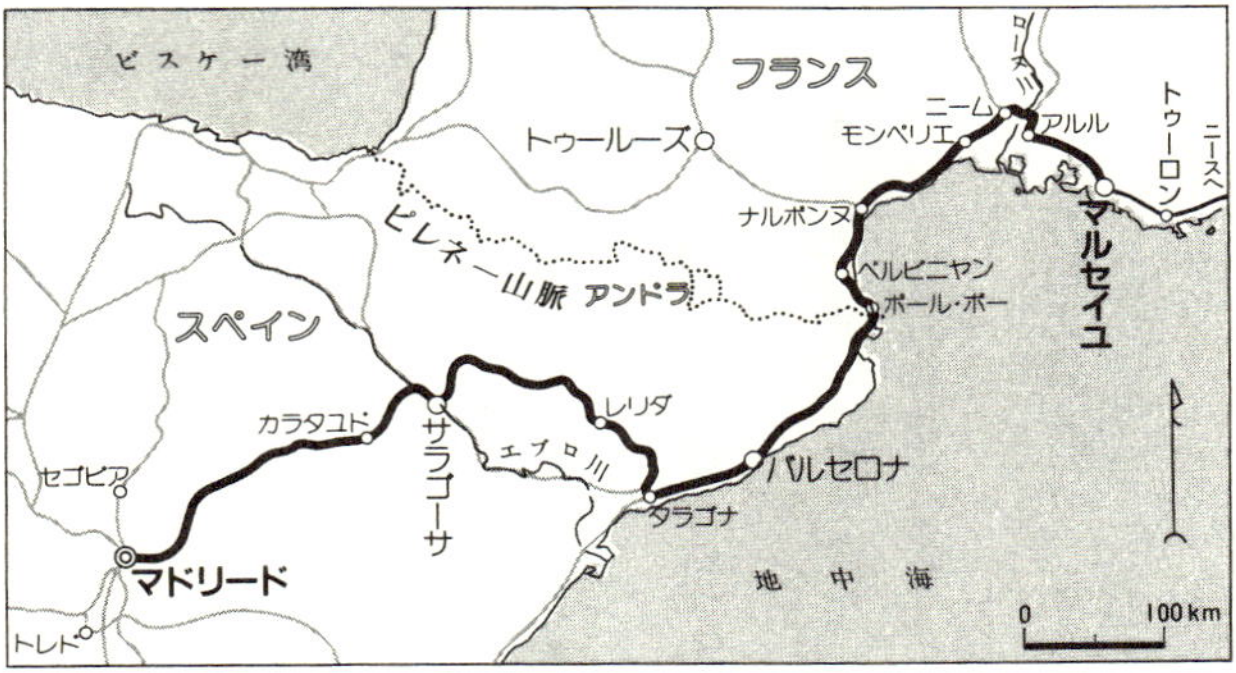

家内はサラゴーサの停車で目を覚ましたが、また居眠りをはじめた。

何か珍しいものが車窓に現れたら揺り起してやろうと思うが、その可能性のないようなところである。鉄道旅行作家たる私としても、地図と時刻表と地名事典さえあれば、実際に乗っても乗らなくても、書くことに変りはないだろう。だから、私も眠くなってくる。すこしまどろむ。

15時06分、モンソンという駅に停車。丘の上に城壁が見えている。

つぎに停車したのはレリダで、定刻の15時39分。地図を見ると、エブロ川の支流のセグレ川に沿う盆地に開けた町のようである。わがタルゴは、このレリダに立ち寄るために迂回《うかい》したはずなのだが、降り乗りする客は、ほとんどいない。

レリダから山越えにかかる。といっても、相変わらずの赤茶けた平凡な丘が起伏するばかりである。トンネルもない。

16時10分、Vinaixaという小さな駅に停車した。物音ひとつしない淋しい駅である。このあたりは単線区間なので、対向列車とのすれちがいのための「運転停車」（運転上の都合による停車。客扱いはしない）らしい。

まもなく上り列車が隣の線路に入ってきた。鉄道のシステムは万国共通なので、言葉は通じなくても、こういうことはわかる。

午後四時半過ぎ、下り勾配《こうばい》にかかり、遥《はる》かに地中海が望まれた。そして、沿線の丘に緑が甦《よみがえ》ってきた。タルゴは元気になって体をくねらせながら地中海へ向って下る。ブドウ畑が広がった。

右から海岸沿いの線路が合流し、17時07分、タラゴナに着いた。ここもローマ人やムーア人に支配された時代の遺跡があるという。

トーマス・クックの時刻表とくらべると、一五分の遅れである。大した遅れではないけれど、バルセロナに着いたあと日没までに観光をしたいので、これ以上は遅れてほしくない。

タラゴナからは地中海の岸に沿う。青い海だ。車窓が一変した。

山が海に迫り、タルゴは崖《がけ》の下を行く。空は快晴、海は青いが、風が強いのか、岩《がん》礁《しょう》に砕けた波が吹き飛んでいる。

景色は荒々しくなったが、線路は複線になり、タルゴは速度を上げた。

海岸には家々が建ち並んでいる。民家もあるが、リゾート風のマンションや別荘が多い。豪壮な建物ではない。別荘は小ぢんまりとし、マンションは二階建て程度の質素な長屋だ。そのあいだにはキャンピングカー用の広場もある。

まだヴァカンス前の五月で、人の姿はないが、安い家賃や費用でひと夏を過せそうに見えた。長い陰気なヨーロッパの冬のあと、地中海の太陽を求める人たちで夏は賑《にぎ》わうのだろう。

居眠りから覚めた家内は窓に顔を寄せて、熱心に眺めている。視線は地中海ではなく、小別荘やリゾート長屋に注がれている。セカンドハウスを物色する主婦の眼で、「あの家、素敵だわ」などと言う。だが、タルゴのスピードは速く、指差されたときは件《くだん》の別荘は消え去っている。

そんなところを三〇分ぐらい走り、バルセロナに近づくと、タルゴは速度を下げ、地下にもぐって18時17分、一七分の遅れでバルセロナ・サンツ駅に着いた。市街地の西はずれにあるターミナルである。

真新しい駅で、エスカレーターで地上に出ると現代的な設計のコンコース。その上がテラス状の中二階で、広いカフェテリアになっている。

カフェテリアは土曜日の夕方の客で賑わっていた。便利で使いやすい場所なのだろう。さすがは陽気なスペインの人たちで、大声で談笑している。

私たちの今夜の宿は、この新装サンツ駅の駅ビルにある「ホテル・バルセロナ・サンツ」である。ステーションホテルで味気がないが、便利ではある。部屋も広く、ゆったりしていた。カーテンを開けると、バルセロナの街が見渡せた。

時刻は午後六時半だが、バルセロナは北緯四二度弱で、日本の津軽海峡あたりに相当する。しかもサマータイムだから八時過ぎまでは明るいはずである。

スペイン第二の都市で人口一七〇万、歴史的にも由緒《ゆいしょ》深いバルセロナには名所や博物館・美術館が無数にあるが、「聖家族教会」だけは見ておきたい。一九二六年に七四歳で亡《な》くなった異色きわまる建築家ガウディの代表作で、バルセロナのシンボルになっている。

サンツ駅前からタクシーに乗り、「ガウディ、テンプル」と言う。これで通じる。二〇分ぐらいかかって「聖家族教会」に着いた。写真でおなじみの四本の塔の教会堂で、ああこれか、写真で見るのと同じだなと思う。

だが、近づいて見れば印象が変る。塔に張りつく浮彫りの人物や獣が奇々怪々で、その一つ一つのどれをとってみても迫力に溢《あふ》れ、ゾッとさせるものがある。聖家族教会の面白さは、いろいろあるらしいが、私は、この浮彫りだけで感心してしまった。これは来てみなければわからない。

浮彫りのなかには未完成のものがあり、教会堂自体も建築中で、一部には工事用の足場が組まれている。

聖家族教会は着工いらい一〇〇年を経た今日も、なお建築中であり、完成まであと一〇〇年以上を要するだろうとされる。なにをグズグズしているのかと思うが、これは、観光客のささやかな拝観料だけが工事費だからだという。正確な情報ではないかもしれないが、若干の予備知識と、人のよさそうなタクシー運転手との通じない言葉を混ぜ合わせると、そういうことのようであった。

まだ明るい。ホテルへの帰途は回り道をして繁華街のランブラス通りへ行く。広い並木通りの中央分離帯は段葛《だんかずら》のような一段高い遊歩道になっている。露店があり、大道芸人やギターを奏《かな》でるグループなどで賑わっていた。

タクシーをおりて散策し、どこかのレストランで夕食をしたいが、このあたりは旅行者の被害の多いところだというし、家内が目を輝かして土産物店に入り、亭主は退屈という定型になるのは必至である。

「この通りは物騒だそうだが、おりて歩いてみるかい」と私は言った。

「こわいからやめとくわ」と家内は答えた。

タクシーの窓から港に立つコロンブス像を見上げ、ホテルに帰る。ようやく日が暮れてきた。夕食はホテルのヴァイキング。魚介類が豊富なのだが、どれもオリーヴで油ぎっていて、いまひとつおいしくない。が、腹がくちて就寝。

夜半に目が覚める。家内は心地よく眠っている。私はミニバー冷蔵庫から缶ビールやワインの小瓶を取り出し、バスルームにこもる。ホテルに家内と泊ると、いつもこうなる。彼女の眠りを妨げまいとする心やさしい配慮もあるが、この空間での深夜の自由時間が大好きになっている。

バルセロナのガイドブックを開く。あそこへもここへも行きたいとの思いがつのる。鉄道に乗るのが主目的だから、朝にはバルセロナを去るが、また機会があったなら、何日か滞在したいなと思う。その機会はなさそうだが、バルセロナに限らず、そんな思いのする夜が多くなってきた。

カタラン・タルゴ　バルセロナ—モンペリエ

五月一四日（日）。

朝食はホテルのヴァイキング。さすがは地中海岸で、くだものの種類が多く、楽しい。齢《とし》のせいか、朝食がいちばんおいしくなってきた。

きょうはマルセイユまで行く予定になっている。

八時まえにホテルを出て、タクシーでバルセロナ・フランサ駅へ向う。

きょうも快晴である。雨に降られたくはないが、雲はどこへ行ってしまったのかと思う。宇宙へ抜けるような青空だ。

フランサ駅は市街地の東はずれにある。タクシーで一五分ぐらいかかった。サンツ駅より小さいが、駅舎は古風で堂々としており、ホームも12番線まである。

私たちが乗るのは8時55分発の「カタラン・タルゴ」である。スペイン東北部のカタロニア地方への列車の意である。

「カタラン・タルゴ」はスイスのジュネーヴから南フランスを経てバルセロナに至る区間を往復する観光列車だった。私は乗りたいな、と思いつつ機会がなかった。

念願がかなって、ようやくカタラン・タルゴに乗れる日が来たのだが、残念ながら現在はジュネーヴ側のルートが切られてしまい、南フランスのモンペリエ—バルセロナ間三七一キロだけの、わびしい列車になり下ってしまった。乗車率が悪かったのだろう。


だが、カタラン・タルゴには楽しみがある。軌間《ゲージ》のちがう線路を乗りかえや台車の交換なしに直通するという芸当をやってくれるからである。

きのうの項で述べたようにヨーロッパ諸国の鉄道の軌間は世界の標準軌の一四三五ミリだが、スペインは一六六八ミリ。

なぜそうなったのか理由はわからない。ナポレオンのような侵略者がふたたび現れた場合、軍用列車が直通できないようにするためという説もあるが、はっきりしない。

とにかく、このカタラン・タルゴは軌間のちがう線路を直通してくれる愉快な列車なのだ。フランスとの国境のポール・ボー駅で地上装置によって車輪の間隔を一四三五ミリに狭めるのである。

そんなことが、なぜ面白いかと問われても困るが、鉄道というものは二本のレールがすべての基本であって、軌間の異なる線路を直通するということは、異例中の異例なのだ。その操作がおこなわれるポール・ボー駅の通過時刻は一一時頃である。

いつものように列車の編成を見て歩く。先頭は電気機関車、そのつぎが電源車。それから2等車が七両。きのう乗ったタルゴより小ぶりで、覗《のぞ》きこんで座席数を数えると、二五席ぐらいである。

そのつぎの8号車に相当するのがビュッフェ車。そのあとが1等車四両であった。

私たちの指定車両は、うしろから二両目の1等車で、座席は通路をはさんで二列と一列。定員一九名で、マイクロバスのようだ。しかし、坐《すわ》り心地はよい。インテリアも垢《あか》抜《ぬ》けしている。

「感じのいい汽車ね」と家内は満足気である。やがて居眠りをするのだろうが。

前隣りの1等車を覗いてみる。韓国人らしい団体が乗っている。東アジアからのツアーが目立つ時代になったが、鉄道利用の団体は珍しい。わが党の士だ。中高年層の夫婦客が多い。

定刻8時55分、カタラン・タルゴはバルセロナ・フランサ駅を発車した。とたんに強い陽光が差しこんでくる。乗客がいっせいに窓のカーテンをひく。しかし、景色を眺めたい私としてはカーテンで遮断したくない。サングラスをかけたいが、スーツケースのどこかへ入れてしまったので、探し出すのが面倒だ。

列車は海岸に沿わず、山間に入る。地中海の見えないのが残念である。しかも、線路の保守が悪いのか、ゴツゴツとした衝撃が床下から伝わってくる。

ヘロナという駅を9時55分に過ぎると、平地が開け、ブドウやオリーヴの畑になる。左前方にピレネー山脈が見えてきた。雪に輝く峰々がつらなっている。「きれいね」と家内が眺める。まだ居眠りの時刻ではない。

10時25分、フィゲラスを発車すると、ピレネー山脈の東端が地中海に迫ってくる。線路は山に押し出されるようにして海岸沿いになった。そして10時50分、国境のポール・ボー駅に停車した。

山と海との狭間《はざま》の小さな駅だが、ここで軌間の転換がおこなわれるのである。

どんな仕掛けがあるのか見たいが、列車はその装置の上に乗っているわけだし、ホームに降りようとしても扉は開かない。

ここまでカタラン・タルゴを牽《ひ》いてきた電気機関車が切り離されて側線を戻っていく。しばらくすると、フランスの機関車を連結したと思われるショックが伝わってきた。

列車はソロソロと動き出した。ちょっと走っては停まり、また動いては停まる。それを何回も何回もくりかえす。一両ずつ車輪の間隔を転換しているのであろう。

私たちの車両がようやくコンクリートの壁に囲われた暗いところに引きこまれた。線路ぎわに係が二人、台車のあたりを覗きこんでいる。ギギギと鈍い衝撃が伝わってきた。車輪の間隔を狭めたのである。

以上の件について家内に説明する。ああそうなの、と反応は物足りないが、やむをえない。

11時15分、軌間一四三五ミリに転換したカタラン・タルゴはポール・ボー駅を発車した。振り返ると、山と海の狭間にロマネスクの教会が見えた。そして、すぐトンネルに入る。ここからがフランス領である。

国境を境に、これまで右側通行だったのが左側通行に変った。フランスの道路は右側通行だが、鉄道は左側通行になっている。こうした事情の由来を知りたいとおもいつづけているけれど、まだ納得できる説明に接しられないでいる。

ピレネー山脈の北側に入ると、抜けるような青空が、やや霞《かす》んできた。左窓の崖《がけ》の上に古城が見えた。

11時50分、ペルピニヤンに停車した。スペイン領だったりフランス領だったりしたところである。ここまでは、私たちが乗っていた1等車内はガラ空きだったが、数人のフランス人のおばさんが乗ってきた。魔法使いのような婆《ばあ》さんもいる。

ペルピニヤンからは思いがけない車窓が展開した。詳しい地図を見ればわかることなのだが、あいにく私は簡単な地図しか持ってこなかった。だから山裾《やますそ》の海岸を走るのだろうと思っていた。大ざっぱに言えばそうなのだが、列車は湿原地帯を走る。右も水たまり、左も水たまりである。潟湖《ラグーン》らしい。水の中に線路が沈んでしまいそうな、不思議なところだ。これを日本に持ってきたら、観光地になるかもしれない。

フランスに入ってからは路盤の状態が良くなり、カタラン・タルゴは速度を上げた。滑るように走って乗り心地も良い。時速一五〇キロぐらいだろうか。

12時28分、ナルボンヌに停車。ここはトゥールーズを経て大西洋岸へ通じる路線の接続駅である。沿線には「カルカソンヌを見て死ね」といわれる大城壁とか、聖母マリアに会った奇跡の少女で有名なルルドの洞窟《どうくつ》がある。行ってみたいが素通りしなければならない。

ナルボンヌを発車して平地をゆくと、再び潟湖地帯に入る。ペルピニャンの北側よりももっと規模が大きく、右も左も大潟湖で、目を見張る。

13時18分、定刻にモンペリエに着いた。中世では貿易港として栄えたが、海が土砂で埋まったため、港の機能を失ったという。しかしエロー県の県都として、この地方の中心となっている。

マルセイユとニース

モンペリエでは、13時49分発のニース行に乗り換える。これは標準型の平凡な列車である。窓外の景色も平凡で、ローヌ川下流に開けたのどかな田園地帯だ。

ブドウ畑が目立つ。まったくブドウ畑が多い。よくもこれほどブドウ酒を飲むものかと思う。

ニームを過ぎ、ローヌ川を渡り、リヨンからの幹線と合流すると、南に向きを変え、まもなくアルルに停車する。静かな駅で、アルルの駅名標が南仏の陽を浴びている。特別な駅ではないが、ビゼーの組曲「アルルの女」を思い起して、つい駅名標に見入ってしまう。

左側から山がせまり、15時45分、マルセイユ・サンシャルル駅に着いた。頭端式の大きな駅である。乗客のほとんど全員が下車した。

私は、はじめてヨーロッパへ来たとき、マルセイユを通ったことがあるが、下車はしなかった。あれ以来、幾度マルセイユを訪れたいと思ったことだろう。しかし、今日までその機会はなかった。フランスと言えばまずパリであるけれど、その次に念頭に浮かぶのはマルセイユである。とうとうマルセイユへ来た。

しかし駅には、あまり個性がない。同じような列車、同じようなホーム、同じような線路が並んでいる。スーツケースを引きずって、鉄骨ドームの下の長いホームを歩く。

今夜のホテルは「ソフィテル・ヴュー・ポール」。その名からして港を眺める景色の良いところにあるのだろう。ガイドブックなどでも第一に紹介されているホテルだ。

タクシーでホテルへ向かう。港の南側をぐるりとまわって、高い要塞《ようさい》の下をのぼっていくと、ホテルに着いた。

部屋に入ってカーテンを開けた。私たちは思わず声を上げた。眼下にマルセイユの旧港が見おろせる。ヨットがぎっしりと港を埋め尽くしている。右にせまるのは要塞の城壁である。

現在のマルセイユ港は、旧港はヨットハーバーとなり、大型船が出入りするのは、その西の新港である。それらが窓から一望できるのである。日本からの旅行者の誰しもが上陸したマルセイユ。ここがそうなのかと思う。

一憩してから散歩に出かける。そのあと本場のブイヤベースを食べようという魂胆である。

急な坂道を下っていくと旧港に出た。ヨットがひしめいている。過密の駐車場といった感じである。しかし、それなりに整備され、小さいヨット、大きいヨット用にと桟橋が区分けされている。大きなヨットは小型の汽船ほどの大きさだ。それらが船べりをすり合わすようにして舫《もや》い、揺れている。こういうヨットを一艘《そう》もって、南仏に二カ月ぐらいヴァカンスで滞在したならばいいだろうなと思うが、私たちは一泊また一泊の駆け足旅行だ。

ふと「太陽がいっぱい」という映画のシーンを思い出した。友だちを殺す話だった。ヨットから袋に詰められた死体が引き上げられるシーンが印象に残っている。

港の奥は繁華街で、観光客相手の店が並んでいた。絵はがきのスタンドがあるのはどこも同じだが、なぜか観光写真などとともに、ペットの犬、猫、そして赤ん坊の写真が多い。これが絵はがきの半分ぐらいを占めている。赤ん坊の写真がなぜあるのだろうか。子どものない女性が買うのだろうか。これはマルセイユだけではない。フランスのおみやげ店などでよく見かける。

マルセイユのダウンタウンはさして広くない。観光名所の寺院などは背後の山腹にあり、のぼるのが億劫《おっくう》だ。家内も「面倒くさいわ」と言う。たしかに観光名所というものはよほどの予備知識がない限り、行ってみると坂道ばかりで、疲れたといった結果しか残らない。そういうことは齢《とし》とともにだんだんわかってきている。だから港の周辺の繁華街をうろうろする。

そうするうちに、夕食の頃合いになってきた。

さて、ブイヤベースであるが、特にここへ行こうという店は知らない。ガイドブックの「この辺りにブイヤベースの店が多い」という程度の知識で、港に面した潮の香のする道を歩く。

店先にブイヤベースと書いた店が多い。中には日本語の片仮名で「ブイヤベース」の札を出した店もある。そういう店は敬遠して、いくらか本格的らしい店に入る。

パリあたりのレストランとちがって、やや野趣のある店であった。漁船用の漁具などが天井からぶら下がっている。壁には錨《いかり》が掛けてある。

ブイヤベースは、本来はフランス地中海岸の漁民の浜料理だというが、今はけっこう高級料理になっているらしい。恰幅《かっぷく》のいいウエイターに「ブイヤベース、シル・ヴ・プレ」と言うと、「メルシー・ボークー」と非常に喜んだ気配である。

ブイヤベースなるものは、日本でも食べたことがある。しかし、イセエビ、ハマグリ、その他いろいろ混ぜ合わせたもので、それなりにうまいが、ごった煮のようである。本場のブイヤベースは、それとはちがうらしい。

二〇分ぐらい待たされて、ウエイターがうやうやしくスープ皿を持ってきた。そしてひと口食べてみろというしぐさをする。これが魚のはらわたを煮詰めたようなもので、強烈な臭気がする。が、なかなかうまい。「気に入ったか」という意味のことをいうので「ウイ」と応《こた》える。

しばらくすると、今度は一尺ぐらいの魚を一匹持ってきた。「これでよいか」と言う。魚の名前はわからないが、日本のスズキのような白身の魚らしい。食べてみなければわからないが、「ウイ」とまた答える。

それからしばらく待たされて、やってきたのが煮えたぎる鍋《なべ》で、ぶつ切りにされた先ほどの魚が無雑作にほうりこんである。それをスープにつけて食べるという単純な料理であった。他には何もなかった。しかしうまかった。

本場のブイヤベースを食べ、マルセイユの港を見下ろすソフィテル・ヴュー・ポールで一泊した私たち夫婦は、翌五月一五日（月）の朝を迎えた。きょうも快晴である。毎日毎日、雨どころか雲もない日が続いている。旅行者にとっては有難いが、陰翳《いんえい》に乏しい感もある。

きょうの行程はマルセイユからニースまでの、わずか二二五キロ。高級保養地のニースで休息をかねて贅沢《ぜいたく》な半日を過すつもりである。ニースに憧《あこが》れるのは俗物だろうが、それもよい。

マルセイユ発9時30分のニース行に乗る。1等車は通路を挟んで二席と一席、ゆったりしている。インテリアの色調は赤なのだが、ケバケバしさがなく落ちついている。

「素敵な汽車ね。これでニースへ行けるなんて、ゾクゾクするわ」と家内が言う。

四〇分ほど走ってトゥーロンに停車。フランス海軍の軍港都市で、私などの第二次大戦の世代にとっては新聞記事でなじみの町である。車窓からは港も海も見えないが、Toulon の駅名標で五〇年前の世界史を偲《しの》ぶ。

マルセイユからニースへかけては「コート・ダジュール」(紺碧《こんぺき》の海岸)なのだが、線路は海岸から離れて敷かれているので、海を見せてくれない。右も左も山で、列車は無人の小駅をつぎつぎに通過する。

トゥーロンから約一時間、ようやく車窓にコート・ダジュールが現れた。が、快晴なのに青い海ではない。

11時43分、カンヌに停車。国際映画祭で有名になった保養地で、ホテルや別荘が建ち並んでいる。

カンヌからは海岸に沿って走り、12時10分、ニースに着いた。ガラス張りの大きなドームに被《おお》われ、それを支える列柱は瀟洒《しょうしゃ》なデザインで、「ここがニースであるぞ」と下車した客を威圧する。

1番線にニース始発パリ行のTGVが12時32分の発車時刻を待っている。ポーターにカートを運ばせる金持ちらしい老人たちが乗りこんでいる。

駅舎に接する「1番線」は、2番線以下の一面二線の「島式ホーム」とちがって風格がある。日本でも京都駅などがそうだが、ニースの場合は円型アーチをつらねた駅舎に接しているので、宮廷ホームの観がある。昔のニースやヨーロッパを知る由《よし》もないが、時代が逆戻りしたような気がした。

駅舎を出れば、普通の駅前広場である。タクシーに荷物を積んで、「オテル・メリディアン、シル・ヴ・プレ」と言う。ホテルまでは一キロ余の近距離のはずだが、年配の運転手は「ウイ、ムッシュー」と愛想がよい。そして何やら話しかけてくる。「ジュ・ヌ・コンプラン・パ」（私は言葉がわからない）と答える。私がしゃべれる唯一《ゆいいつ》のフランス語である。

「ホテル・メリディアン」は海岸通りの中心部にあるビルホテルで、ロビーは観光客で

賑《にぎわ》っていた。バウチャー（宿泊予約書）を示すと、フロント嬢は素早くキイを叩《たた》き、

「海の見える部屋ね」

と日本語で言いながら鍵《かぎ》をさしだした。

エレベーターで八階に上る。部屋は日本のホテルのように狭かった。室料は高いのだが。ニースは地価が高いのだろう。

ヴェランダもアパートの物干し場のように狭いが、眺めはよい。弧を描いた浜辺に沿ってホテルやビルが建ち並んでいる。幅一〇メートルぐらいの砂浜が、わずかな自然を保っているかに見える。

砂浜にくらべると、海岸通りは広い。海側の遊歩道にはチェアやベンチが並び、山側の車道との分離帯には熱帯樹が植えられている。管理され尽した海岸、という観がある。

私が眺めているのはニースの一部である。産業革命で富を得た人たちが、ここに保養の地を求めたのがニースの発展のはじまりだが、現在の人口は三四万に及び、西側の新市街は工場地区になっているという。そのあたりはホテルのヴェランダからは見えない。アルプス山脈の末端が地中海に落ちる険しい地勢の地に、これだけの大きな町が形成されたとは驚きである。

ところで、私の老眼鏡が見当らない。ニースへの車中で置き忘れてきたらしい。地図

や時刻表と窓外の景色とを交互に見ながら、かけたりはずしたりしていたからだろう。午後一時を過ぎて空腹だが、老眼鏡がなくてはメニューも見られない。まずは老眼鏡の入手が最優先である。

眼鏡屋を探しに街に出る。

大きな目玉の看板を掲げた店がある。これが眼鏡屋である。手真似《てまね》で老眼鏡を所望する。店のおやじが「ウイ、ウイ」と棚を指さす。「一〇〇フラン」（約一八〇〇円）の札がある。安物の既製品だが、度数は強弱各種あり、そのなかから合うのを選び、フレームの幅を調節してもらう。

簡単に老眼鏡が手に入って、ひと安心し、石畳の商店街を行く。大目玉の看板の眼鏡屋がやたらに多い。

陽光に乏しくて薄暗い生活に慣れたヨーロッパの人たちは、明るい南仏海岸に来ると眼を痛めるのだろうか。歩行者もサングラスをかけた人が目立つ。

ヨーロッパを旅して感じるのは、日本にくらべて照明の暗いことである。地下鉄もホテルのロビーも街路も暗い。日本が明るすぎるのかもしれない。が、ここニースは、ひときわ目映《まばゆ》い。

カフェテリアで、サンドイッチの軽食。ビールを飲む。フランスに来ると、昼から飲む癖がついてしまう。

飲む前のグラスは大切にするが、空になれば粗略に扱う、というわけでもなかったのだが、グラスに手が触れて床に落ち、砕け散った。ウエイターが箒《ほうき》と塵取《ちりと》りを持ってくる。「パルドン」と私は恐縮する。ウエイターは、構わぬことというふうに手と首を振る。老眼鏡は失《な》くすし、グラスは割るしで、老化現象が身にしみるニースの昼下りであった。

気をとりなおして、海岸の遊歩道を散歩する。タイルが幅広く敷きつめられ、チェアやベンチがある。

その下は砂浜と海だが、泳ぐ人はほとんどいない。みんな浜に敷いたシートの上に寝そべっている。

空は晴れて心地よいが、風は意外に冷たい。暖いのか寒いのかわからない妙な天候だ。まだ五月の中旬で、ヴァカンスのシーズンではない。

それでも浜辺には水着姿で甲羅干しをする人たちが、かなりいる。残念ながら若い女性は少い。若者たちはニースなど敬遠するのだろう。

トップレスで脂肪のついた体を白日の下にさらして仰向《あおむ》けに寝そべる婦人がいる。傍らには毛布をまとった禿頭《まずあたま》のおっさんがいて、陽焼け止めのクリームか何かを掌《てのひら》につけては女房の胸や腹に塗っている。愛撫《あいぶ》しているようでもある。

「どうしてオッパイを出すのかしら」

と家内が言う。

ニースでは午後の半日を休息にあてるつもりだったが、やはり、あちこち動きまわることになる。

見たいのは背後の山腹の別荘地区である。映画などでおなじみの豪華な別荘が、たくさんあるはずだ。風光も絶佳であろうし。

タクシーの運転手に希望を伝えようとするが、通じない。「セカンド・ハウス」などと言うから、なお通じにくくなるらしい。

が、どうにか大意は通じて車は走りだした。

つづら折りの急坂を車は登る。たちまち視界が開け、ニースの市街と地中海が眼下に広がった。

目を見張るほどの大別荘ではなかったが、車は白亜の別荘の前で停った。門から建物に至る石段には花々が咲きそろっている。主人は居ないが、庭師が手入れしているのであろう。

「ミリオネール（百万長者）？」と私は言った。運転手は肯《うなず》き、自分とは関係ない、というふうに両手をひろげる。

たしかに豪華な別荘ではあるが、ここで夏を過すことが成功者だとすれば、それがどうしたという気もする。

別荘よりも眺望のほうがよいので、山腹の道をドライブしてみたくなった。その旨《むね》を運転手に告げたつもりだったが、車は、いま来た道を引き返し、海岸通りに戻った。時刻は午後四時半。ひさしぶりに雲が広がってきたが、街は明るい。

ニースには由緒《ゆいしょ》ありげな名の目貫《めぬき》通りが幾本も交錯している。そのうちの一本の「フエリックス・フォーレ通り」を歩いてみる。

日本でもおなじみのブランド店が、日本とおなじような気取ったディスプレイで軒を並べている。それらに混じってスポーツ店があり、柔道着が吊《つ》るされている。「KARAOKE」と大書したバーもある。

興がさめてホテルに戻る。が、狭い部屋で過したくない。

このホテルの地下一階にはカジノがある。そこへ行ってみる。

薄暗いフロアに並んでいるのは、スロットマシーンばかりである。お婆《ばあ》さんの客が多い。厚手のコートを着て、黙々とハンドルを引いている。傍らには杖《つえ》が立てかけてある。夕食前のひとときを、この薄暗いカジノで過すのが日課なのだろうか。

南アルプスのローカル線　ヴェンティミリア—クーネオ—トリノ

五月一六日（火）。

きょうの行程は少しくややこしい。まず国境を越えてイタリアのヴェンティミリアに至り、クーネオ行のローカル線に乗りかえる。この路線はトーマス・クックの時刻表の日本語解説版の「ヨーロッパ・景勝ルート」のベストテンに入っている。アルプスの末端部を越えるのである。そして、クーネオとトリノで乗りかえて、もう一度アルプスを越え、フランスに戻ってリヨンに至る予定である。リヨンのホテルは予約してある。

距離は、クックの時刻表にキロ数を記してない区間があるので正確には示せないが、約五四〇キロ。東京—大阪間ぐらいである。

一日の行程として長いか短いかはわからぬが、鉄道に乗るのを目的とする者にとっては長くはない。

しかし、三回も乗りかえがあるうえに、列車の運転本数が少なく、トリノでの接続が悪いこともあって、非常に時間がかかる。

きのうの夜半、私は例によってバスルームにこもり、クックの時刻表、地図、さらにはガイドブックなどを開いてニースからリヨンへの行程を検討した。ブランデーを嘗《な》めながらの作業で、ジェノヴァ—ミラノ—トリノという大迂回《うかい》のルートが浮かんだりして、大いに楽しかったが、けっきょく、ヴェンティミリア—クーネオ経由という原案に落ちついた。

これは出来のよい案ではない。ニースを6時02分の始発に乗ってもトリノ発12時20分のリヨン行にはわずかの差で間に合わない。意地悪なダイヤなのである。けっきょくニース発9時52分、トリノ発16時45分となり、リヨンに着くのは21時15分。日の長い五月中旬で、しかも夏時間だから、暗くはならないが、リヨンへは夕方には着きたかった。リヨンは「食の町」である。これぞと思うレストランを二つ三つ、リストアップしておいたのだが。

が、ニースのホテルで、ゆっくりヴァイキングの朝食がとれるのは、ありがたい。齢《とし》とともに重ったるい夕食より爽《さわ》やかで軽快な朝のヴァイキングのほうが体に合ってきている。パンはおいしいし、くだものは豊富、生ハムやチーズなどは日本のホテルの比ではない。

この朝食代は室料に含まれている。ヨーロッパの通例のようだ。日本でも同様のホテルが多くなってきたが、とにかくヨーロッパのホテルに泊ると朝食が楽しみである。朝早く目が覚めたときなど、午前七時が待ち遠しい。

それにしても、あたりの外国人は大食いだ。丸パンを三つも鷲摑《わしづか》みにし、ベーコンやスクランブルエッグを大皿に盛り上げる。体が大きいとはいえ、私の二倍か三倍は食べる。

「連中に見習って、しっかり食べておきなさい。きょうは昼めし抜きになるかもしれない」

と家内に言う。きょうは食事にありつけそうにない路線である。

ニース発9時52分のヴェンティミリア行は電気機関車の牽引《けんいん》ではなく、五両編成の電車であった。短区間を行き来する近郊電車である。

それでも1等車が一両連結されており、車両の中央に出入り口があって、それを境に喫煙席と禁煙席とに分けられている。座席は長距離列車の車両に

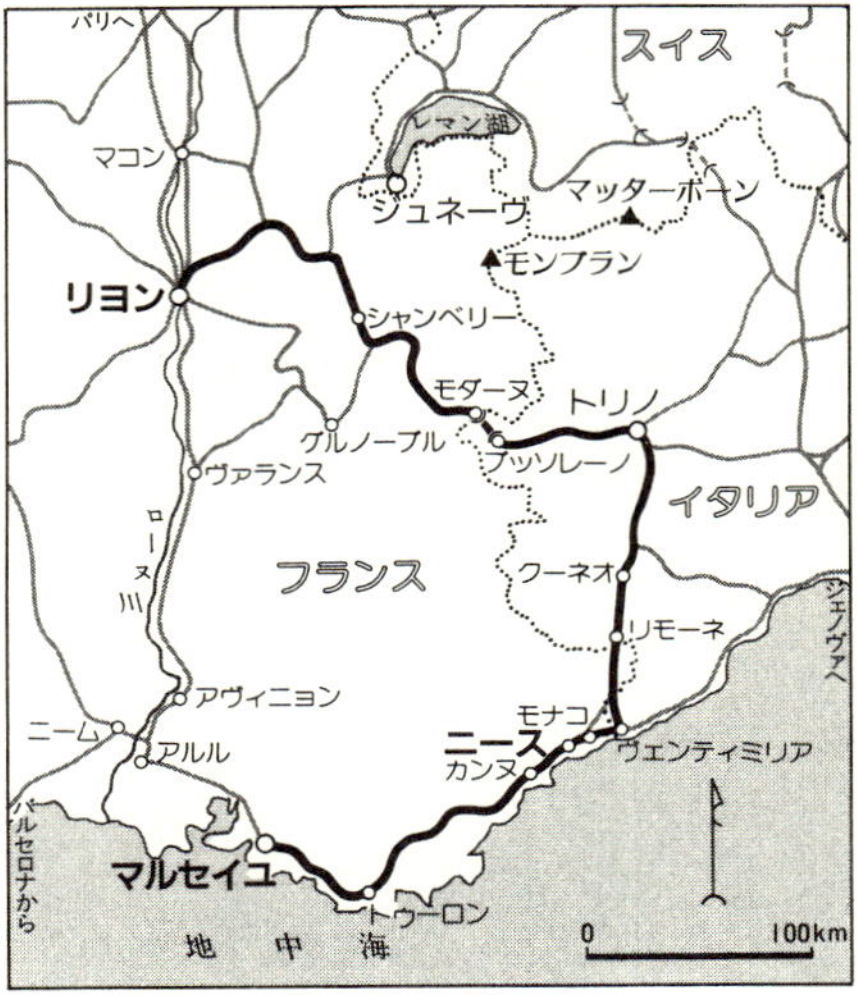

くらべると見劣りがする。人工レザーの固いシートで背もたれも低い。ニース―ヴェンティミリア間は三三キロに過ぎない。

乗客は少い。初老のおばさんたちである。身なりはよい。どこへ何しに行くのだろうか。

そこへ乗りこんだ私たちに対する視線は冷たい。自分たちの平和な領域に踏みこんできたアジア人に対する胡散《うさん》くさそうな目である。

電車は静かに発車し、ニース駅の大ドームを抜け出した。

右窓に海が広がる。きょうは久しぶりの曇り空だが、やや高いところを走るので眺めはよい。海岸には別荘風の家々が並び、小さな駅がいくつもある。近郊電車は小まめに停車する。おばさんたちが、一人、二人と下車する。ホームの生垣にはバラがからんでいる。

ニースから約二〇分、モナコに停車。独立国だが、出入国審査官などは乗ってこない。これまでの小駅と変りはない。駅名標は「モナコ　モンテ‐カルロ」。「こっちに大公宮殿があるはず、あっちに有名なカジノがあるはず」と、家内と自分への説明を兼ねているうちに、電車はトンネルに進入した。

海岸の家々が、やや鄙《ひな》び、イタリアに入って10時38分、国境駅のヴェンティミリアに着いた。線路はジェノヴァ方面へとつながっているが、近郊電車はここが終着である。大きな駅ではない。

地下道を通ってクーネオ行のホームへ行こうとすると、警官のような制服の男が追いかけてきて、「ここを通ってはならぬ」という仕草をする。

出入国の検問所へ連れて行かれる。高い鉄柵《てつさく》に囲われた物々しいところである。第二次大戦ではフランスとイタリアは敵国だったわけだし、緊張した国際関係当時の施設がそのまま残っているのだろうか。

直通する国際列車に乗っていると、車内でパスポートを見せれば、「メルシー・ムッシュー」などと愛想よく言われて、楽々と国境を通過してしまい、国境の駅で下車して通関した経験はほとんどない。

出入国審査官の態度も厳しい。パスポートの写真と私の顔を見くらべ、旅行目的を訊《たず》ねる。EU時代を迎えようとしているのに何故《なにゆえ》に、と腹立たしくなるが、通関手続きを無視して地下道から越境しようとした人物と見なされたのかもしれない。

下車客も乗りかえ客も少くて、審査官は暇をもてあましているかに見えた。

ヴェンティミリアは、地名事典によれば「花市場のある保養地で、ローマ時代の遺跡やジェノヴァ人が築いた城郭がある」と魅力的だが、駅の印象は全然ちがう。鉄道旅行一辺倒の報いだから、それでよいと思っている。

クーネオ行の発車は11時10分である。

地下道を通って2番線へ行く。しつこいことに、あの制服の男がついてきた。

きょうの行程の白眉《はくび》のヴェンティミリア—クーネオ間九六キロを走るのは、二両編成のイタリアのディーゼルカーである。脇腹《わきばら》に「FIAT 1984」とあるから、フィアットのエンジンを搭載しているのだろう。ブルーに赤帯の野暮ったい外装だが、「アルプス越えのローカル線に乗るんだぞ」と気分を高揚させてくれる。

二両編成ながら、それぞれの車両の前後に運転席がある。一両で運転する場合が多い線区なのだろう。運転本数は二時間に一本ぐらい。もちろん大赤字路線にちがいない。いまのうちに乗っておかないと廃線になってしまうかも、という思いで私は日本の赤字ローカル線に乗ってきた。その思いに似通ったものがクーネオ行にはある。

わびしいディーゼルカーだが、その四分の一ぐらいを区切って1等席がある。通路をはさんで二席と一席が四列で、定員一二名である。

そんなにまでして1等席を設けなければならぬのかと思う。2等も1等もガラ空きであった。

ヴェンティミリアを定刻11時10分に発車すると、すぐ山間に入り、ローヤ川という小さな川に沿う上り勾配《こうばい》になる。

そして、国境を越え、フランス領に戻る。あんな厳しい検問を受けてイタリアに入ったのにと、アホらしい気持だ。車内でのパスポート提示はなかった。もっとも、こんな閑散線区に出入国審査官を配置したなら、乗っているのは彼らだけになりかねない。

ローヤ川は細い流れだが、谷は深く、峡谷の様相を呈している。線路は崖《がけ》っぷちに張りついて曲りくねり、しかも急勾配である。

しかし、ガラ空きのディーゼルカーは時速一〇〇キロに及ぶかという高速で容赦せず上って行く。フィアット社製のディーゼルエンジンが強力なのだろうが、自動車道路なら制限速度超過の荒っぽい運転、といった感じだ。鉄道だから、そんなことはあるはずもないが、日本の鉄道では味わえない感触で、愉快である。

車窓の山は険しい。緑はわずかで、ほとんど岩山である。が、岩山の中腹に集落がある。日本の四国に多い段々畑の集落に似た立地だが、こちらは石や漆喰《しっくい》の建物だから城《じょう》塞《さい》のように見える。人が住んでいるのかどうか、わからない。

11時53分、フォンタン・サオルジュという無人駅で対向列車とすれちがう。あちらは一両である。単線区間のローカル線での交換の味わいは、どこの国へ行っても同じだ。窓辺の母子づれと目が合う。手を振ると、相手も笑顔になって手を振る。

駅の付近には家がある。しかし、廃屋が多い。小学校の分教場のようなのもあるが、廃校になったのか、窓は閉ざされ、校庭にも子どもの姿はない。

ローヤ川の峡谷は深まり、見下ろしても見上げても首が痛くなるような景観になった。列車はローヤ川を高くて短い鉄橋で渡ってトンネルに入り、左へ左へとカーブしながら上る。詳しい地図がないので、よくわからないが、ループ線の気配である。

トンネルを抜けると、眼下の谷に線路が見えた。谷に突き出た岩脈を貫く短いトンネルがある。鉄道旅行の愛好者としては列車を停めてくれと言いたいほどの絶景だ。

「すごいところね」

と家内が言う。女房との旅は良《よ》し悪《あ》しあるが、この一言は嬉《うれ》しい。

というふうな感慨があって、まもなく国境の長いトンネルに入り、抜ければイタリアで、12時37分、リモーネという駅に停車した。

ここは国境の駅で、駅舎はアーチをつらねた堂々たるものだが、ホームもどこにも人影はなく、乗降客もいない。検問もない。

リモーネを発車し、下り勾配を走るうちに田園地帯に入って、13時11分、クーネオに着いた。これまた大きな駅である。列車はわびしいが、駅は大きい。前世紀の鉄道の栄光と今日の斜陽ということなのだろうか。

きょうの行程ではクーネオが焦点であった。ヴェンティミリア—クーネオ間を乗りたいために苦労した。

が、クーネオに着いてみれば格別のことはない。「クーネオ県の県都で、人口五・五万。農業・商業の中心で、一三世紀の大聖堂あり」と地名事典にあるが、この程度の町はどこにでもある。駅舎は大きいが、ひっそりしている。

つぎに乗るのは13時42分発のトリノ行である。クーネオからは電化区間で、電気機関車と客車六両。クックの時刻表では2等車のみの表示であったが、1等車が一両連結されていた。

ホームに客の姿はほとんどない。列車と駅員だけのような駅だ。

三〇分の接続時間が長く感じられて、定刻に発車。1等車内は私たちだけである。

クーネオの街を出はずれると、左にカーブして見事な石積みのアーチ橋を渡る。左側に坐《すわ》っているので、その全容が見える。鉄道が栄えた時代の遺跡だと感動し、あれを見よと家内に言う。

そこから先は平凡な田園地帯になった。

フォッサーノという駅に停車すると、日本人の男性三人が乗ってきた。人恋しくなっていたので声をかけてみると、トリノに駐在する商社マンとのこと。道路が渋滞するので鉄道を利用しているのだと言う。

のどかな田園地帯を走るうちに、トリノが近づくと、高層住宅ビル、つぎに古い家屋の密集地区という、どの都市でもおなじ型になって、列車は速度を下げ、14時40分、トリノ・ポルタ・ヌオヴァ駅に着いた。ここがトリノの代表駅で、行き止まりの頭端駅になっている。

国境の夕景　トリノ—リヨン

トリノは人口一一〇万の大都市であるが、観光客は訪れない。古い歴史と、それなりの名所はあるが、ローマ、ヴェネツィア、ナポリに及ぶべくもない。現在のトリノはフィアットの自動車工場を中心とする工業都市である。

私は幾度もイタリアに来たが、トリノで下車するのは、はじめてだ。トリノに来たかったからではない。きょうの終着駅のリヨンへ行くためにはトリノを経由しなければならなかったからである。

つぎのリヨン行は16時45分発である。

二時間もの待ち時間があるので、荷物を預け、駅舎の外に出る。

工業都市の先入観とはちがって、駅前に関するかぎり、古めかしい街である。

路面電車が走っている。これが古びた建物の一階の狭いドーム通路に進入したりしている。

街に出れば家内は生き生きとする。それとつき合ううちに、二時間は過ぎた。

トリノ発16時45分のリヨン行は14番線に停車していた。電気機関車と客車六両。最後尾が1等車で、コンパートメントであった。窓際《まどぎわ》に家内と向い合って坐《すわ》る。

コンパートメントは窓外の景色を眺めたい者にとっては視界が狭いし、密室に見知らぬ相客と閉じこめられるので、私はオープンフロアのほうが好きなのだが、相客がいなければ落ち着いて過せる。肘掛《ひじか》けをはね上げれば横になることもできる。

トリノからリヨンまでは約三三〇キロあり、四時間三〇分かかる。アルプス越えの山間地帯を行く路線にしては健闘と賞賛してよいが、きょうの行程のなかでは最長の乗車区間である。

「これから四時間半、覚悟しなさい」と家内に言う。

「大丈夫よ。汽車に乗ってボンヤリしているの、好きになってきたわ」と答える。

落ち着いた気分になって16時45分の発車時刻を待っていると、イタリア人らしい婆《ばあ》さんと爺《じい》さんがわがコンパートメントに入ってきた。

それは仕方がないのだが、婆さんはおしゃべりで、しかも声が大きい。リヨン行の列車は定刻に発車した。

トリノはロンバルディア平原の西端にあり、アルプスの麓《ふもと》の都市である。

このあたりのアルプスは、あまり注目されないが、地図を見ると三五〇〇メートル以上の峰々が並んでいる。晴れていれば、銀嶺《ぎんれい》が望まれるのだろうが、あいにく、きょうは曇天である。

トリノを発車してまもなく、平野は尽きて両側に山が迫ってきた。霧か小雨か、窓外が霞《かす》んで色彩を失い、水墨画のようになった。淡墨《うすずみ》のなかに集落と教会の塔がある。

谷は狭まったが、ここはナポレオンが道を開いたという仏伊《い》間の主要な街道で、国道や高速道路が線路とからみ合う。

三〇分ほどでブッソレーノという駅に停車。例によって駅舎は大きいが、乗降客はほとんどいない。ホームが濡《ぬ》れている。

さらに三〇分、霞の山肌が線路に被《おお》いかぶさるほどに迫り、バルドネッキアという駅に停車した。峠の下の駅である。

ここで同室の婆さん爺さんが下車した。昔の旅籠《はたご》屋の末裔《まつえい》なのだろうか。コンパートメント内は静かになった。

発車すると、アルプスを貫く「モン・スニトンネル」に入る。長さ一三・六キロ。一八五七年から一四年の歳月をかけて掘り抜いたという。ちなみに言えば、日本の長大トンネルでは清水トンネル（九・七キロ）の開通が一九三一年、丹那《たんな》トンネル（七・八キロ）の開通は一九三四年だから、やはりヨーロッパの鉄道は大先輩だ。

モン・スニ峠の長いトンネルを一〇分ぐらいかかって抜ければフランス領で、モダーヌという国境駅に停車した。時刻は18時17分。

日暮れまでは三時間か四時間はあるはずなのに、薄暮の気配である。

と、雲が切れ、鋭い岩峰がそそり立つのが見えた。「あれを見よ」と家内に言ったが、たちまち雲に隠されてしまう。

列車は薄暮の谷に沿って下る。ローヌ川の支流のそのまた支流の上流らしいが、このあたりの地形は複雑だ。私は地図と車窓を見くらべるのは大好きだが、それにも飽きてきた。居眠りをする家内に誘発されて、ボンヤリとまどろむうちに、19時25分、シャンベリーに停車した。シャンベリーは観光都市だが、きょうの行程とは関係ない。

この列車にはビュッフェがある。缶ビールを二本買って飲む。

これから先の観察は、ますますおぼろになる。左窓に湖が広がった。

牧場があり、羊が群れている。酔眼だが、羊と牛の区別ぐらいはわかる。家内は居眠りをしている。私も眠い。きょうは汽車に乗りすぎたようだ。

それでも窓外の眺めには関心があるので、まどろみつつも、窓に頬寄せているうちに、平野部に入って、列車は速度を上げた。

21時15分、リヨン・ペラーシュ駅に着いた。リヨンには新旧二つの駅があり、ペラーシュは古いほうの駅である。

予約してある今夜の宿は、駅前の「プルマン・ペラーシュ」である。格式は高いのだろうが、いま栄える高層ビルホテルとはちがう。「和風旅館」といった感じのホテルであった。

禿頭《はげあたま》のフロント氏は、私が名乗るまでもなく、お着きが遅いので心配していましたという意味のことを言う。それが嬉《うれ》しい。

ホテルのレストランは、まだ営業していた。ヨーロッパの夕食時間は遅い。九時からでも一〇時からでも食事ができる。美食で知られるリヨンに来たのだから、奮発して有名レストランで最高のフランス料理を食べてやろうと、いくつかの店名と電話番号を手《て》帖《ちょう》にメモしてきたのだが、街に出るのが億劫《おっくう》になった。家内も「疲れたわ。このホテルで食べましょうよ」と言う。

ホテルのレストランはテーブルが一〇卓あるかなしかで、狭かった。しかし、天井は高く、インテリアは重厚で優雅である。客は一人もいない。

す。蝶《ちょう》ネクタイにダーク・スーツのウエイターが金の紐《ひも》のついた大きなメニューを差し出

食い意地は張っているのにメニューがほとんど読めないので毎度困惑するのだが、このメニューは達筆の手書きだ。理解不能である。

「この店のおすすめの料理を食べたい、しかし、量は少なくしてほしい」という意味のことを言う。この程度のことは英語、フランス語まぜこぜで、どうにか通じる。

白い帽子のシェフが現れ、何やら言う。「おれに任せろ」ということらしいので「ウイ、ウイ」と答える。ワインについては「ローヌ産。ルージュの辛口《セッコ》」と言う。

おすすめの料理は仔羊《こひつじ》のソテーであった。これが、すこぶるおいしい。ワインもおいしい。家内は「おいしいわ。こんどの旅行では、ここがいちばんね」と言う。

シェフが現れ、どうだった、と訊《たず》ねる。「メルシー・ボークー」と答えたが、うまい料理への感謝の気持は伝わったと思う。

一時間半ほどレストランに滞在するうちに、ガラ空きだったテーブルが、客でふさがっていた。お値段は、ワイン、前菜、デザートを含めて二人で四五〇フラン（約八〇〇〇円）であった。

翌五月一七日（水）。きょうも曇りである。

部屋の窓からリヨン・ペラーシュ駅の正面が見える。凝ったつくりで、とくに時計塔のデザインがすばらしい。文章では説明しにくいが、ヨーロッパの駅の設計には宮殿や教会や市庁舎などとはちがう独特の型があるようだ。

爽《さわ》やかな朝食をすませ、ペラーシュ駅の指定券売場へ行く。きょうはパリへ戻る予定になっている。TGVの指定券を買っておきたい。

番号札の発券機から「950」と印字された紙片を手にし、窓口にその番号が表示されるのを待つ。客が多く、順番が回ってくるのに一五分ぐらいかかった。

私はリヨン発16時49分のTGVに乗ろうと思っている。パリまでは二時間余、頃合いの列車である。それまでフランス第二の都市をゆっくり見物したい。

だが満席。「そのつぎでもいい」と言うと、窓口嬢は手際よくキイを叩《たた》いてくれたが、19時49分発まで満席。そのつぎのTGVではパリに着くのが一一時を過ぎてしまう。

しからば16時49分より前のTGVをと所望すると、これまた満席で、13時48分発しか手に入らなかった。TGVは全車指定席で、自由席はないので、これに乗るしかない。ヨーロッパの列車は、いつも空《す》いていて、自由自在に鉄道旅行を楽しめるのだが、TGVは例外で、こういうことになる。それにしても、パリ―リヨン間のTGVが一時間に二本とは運転本数が少い。日本の新幹線を見習ったはずのフランスなのだが。

ホテルに戻り、荷物をまとめているうちに一〇時を過ぎてしまった。チェックアウトして荷物をフロントに預け、街に出る。リヨンの滞在時間が半減したので、私たちとしては忙しい。

まず地下鉄に乗る。二つ目のベルクールで下車して、西へ歩く。このあたり、色あざやかなくだものを並べた店などがあり、目を楽しませてくれる。つい足をとめる。

ソーヌ川を渡ると、高い丘が迫る。フルヴィエールの丘で、ケーブルカーが二本ある。リヨンは西高東低の地形なのである。

ケーブルカーの乗り場付近は旧市街地区で、重厚な家々がある。素通りできないので徘徊《はいかい》する。

二本のケーブルカーのうちの右側の一本に乗ることにする。これはフルヴィエール寺院に至る。ケーブルカーというと観光用かと思ってしまうが、降りて来るのは地元のおばさんばかりで、身なりもよい。見惚《みと》れるようなおシャレなお婆さんもいる。丘の上は高級住宅地らしい。このケーブルカーは住民の生活路線なのだ。運賃も地下鉄なみで安い。

そのケーブルカーに乗ってフルヴィエールの丘に上り、大寺院を見上げ、リヨンを見下ろす。

ローヌ川とソーヌ川の二つの川にまたがるリヨンの街は、そんなところから眺めただけでオレが分かるか、というように誇り高く広がっていた。

3　東欧と南イタリアの列車

パリの地下鉄

今回からは趣向をかえて、男の二人旅の話。

同行するのは丹野顯《たんのあきら》氏で、出版社勤務ののちフリーの編集者となり、現在は主として日本歴史関係の著作にいそしんでいる人である。著書は一〇冊ぐらいある。

私がサラリーマンから文筆業に転向するという第二の人生の契機をつくってくれたのは丹野氏である。私がひそかに国鉄全線完乗を目指していることを察知し、河出書房新社に私への執筆依頼を提案してくれた。だから私の恩人である。

丹野氏は五五歳、数年前に奥さんを亡《な》くし、自炊生活をしている。再婚の意志はあるが、まだ適当な相手が見つからない。人柄は誠実だが、茫洋《ぼうよう》としていて、つかみどころのない感じはある。

その丹野氏に、ヨーロッパへ二週間ばかり一緒に行きませんかと誘った。恩返しをかねて旅に誘いたいとの気持は持ちつづけていた。

しかし、丹野氏は「足手まといになりますから」と言って辞退した。外国旅行の経験はカナダへのツアー一回だけなのだそうだ。

そんな経緯はあったが、けっきょく二人で行くことになって、一九九五年一〇月一二日（木）、成田発12時00分のエール・フランス機で出発。

今回のルートは、私が勝手に決めたもので、つぎのごとくである。

パリ■（夜行列車）■ベルリン（泊）■プラハ経由でウイーン（二泊）■ブダペスト（泊）—（飛行機）—ローマ（泊）■シチリア島のタオルミーナ（泊）■パレルモ（泊）—（飛行機）—ローマ（泊）■ミラノ（泊）■チューリヒ—（飛行機）—パリ（泊）—成田。

東欧圏をかすめながらイタリア南部のシチリア島へと足をのばすわけである。

最後のローマからチューリヒへの区間は、私は幾度も乗ったことがあるので、パリまで飛行機にして日程を短縮してもよかったのだが、丹野氏をイタリアの超特急「ペンドリーノ」（ローマ■ミラノ間）とスイスの鉄道に乗せたいという親切心と、どうです速いでしょう、いい景色でしょう、と得意になりたい気持が重なって、こういう日程になった。

以上の足かけ一四日間における鉄道の乗車距離は約四一〇〇キロになる。このほか近郊電車、地下鉄、路面電車にも乗るだろう。

時計の針を八時間遅らせて午後四時半、パリのド・ゴール空港に着いた。

この空港は幾度も利用しているのだが、そのたびに拡張されているようで、戸惑う。丹野氏は心配そうに私を見る。

空港からパリの中心部へは地下鉄が通じているが、二人とも荷物を引きずっているし、パリの地下鉄の評判は近時とみに悪いので、タクシーに乗る。今夜のホテルはオペラ座前の「ル・グラン・インターコンティネンタル」である。

パリは北緯四九度。北海道の北端よりも北にあり、秋の日暮れは早い。車が市内に入ったときは暗くなっていた。

歩道の広告塔に貴乃花《たかのはな》の土俵入りの大きな写真が目に入った。大相撲のパリ巡業の広告である。それが幾つも幾つも現れる。核実験の強行で世界中の反発を受けたフランスにとって日本の大相撲の来訪は大歓迎なのだろうか。

ル・グラン・ホテルにチェックイン。ロビーには浴衣《ゆかた》姿の力士たちがいる。私は相撲が大好きなので、誰が誰かはわかる。あれは貴闘力《たかとうりき》じゃないか、こちらは浪乃花《なみのはな》だ。このホテルが大相撲の宿舎なのであった。パリの一流ホテルの高い天井のロビーとチョン髷《まげ》姿とが不思議に似合っている。

一〇月一三日（金）。

パリの朝。早く目が覚めたので、散歩でもしようかとエレベーターに乗る。お相撲さんが一人いる。「土佐ノ海関ですね」「ハイそうです」「先場所の好成績（一一勝四敗で敢闘賞）、見事だったですね」「ハイ、ありがとうございます」「来場所も頑張ってください」「ハイ、頑張ります」

狭いエレベーターのなかで、見上げるようにして交した会話だが、礼儀正しい力士である。これで私は土佐ノ海のファンになった。

丹野氏と朝食のヴァイキング。日本食のコーナーがあるので驚く。

「よく眠れましたか」

「はあ、まあ」

と丹野氏の答えは茫洋としている。朝まで熟睡できる齢《とし》ではなくなっているのだろうか。

そのあと、ホテルの向いにあるＪＴＢパリ支店分室へ行く。今晩乗る予定のベルリンへの夜行列車の寝台券を受けとるためである。日本で予約しておいたのだが、航空券とちがって鉄道の指定券は現地での入手となる。このへんが鉄道旅行の面倒な点である。

ベルリンへの行程を夜行列車にしたのは、寝台車に乗りたいのと、丹野氏にパリ見物の時間を提供したいとの二つの理由による。

チェックアウトし、荷物はホテルに預けて、二人ともデイパックを背負って街へ出る。

ベルリン行の列車のパリ北《ノール》駅発は21時01分。パリは何日いても見尽せない都であろうが、きょうに限って言えば時間がありすぎる。

幾度もパリに来た私と、はじめてのパリの丹野氏とが共に楽しめる所となると、やはりルーブル美術館だろう。地下鉄に乗り、パレ・ロワイヤルで乗りかえて、ルーブルで下車する。

ルーブル美術館を丹念に鑑賞していたら疲れるので、「有名なものだけ見て早目に切り上げましょう」と言うと、

「ドラクロワとダヴィッドを見たいです。モナリザなどは見なくてもかまいません」

と丹野氏。二〇年来のつきあいだが、美術についての会話など交したことはなかった。おやっ？と思う。

ダヴィッドの大作「ナポレオンの戴冠《たいかん》」を眺めて満足したようすの丹野氏と館内のスナックで昼の軽食。ビールを飲んだので、いい気分になった。

時刻は正午すぎ。21時01分発の夜行列車まで時間があり余っている。丹野氏は「鉄道に乗りたいのじゃありませんか。私はパリの市内観光などしなくていいです。ご一緒しますす」と言ってくれる。二人ともユーレイルパスを持っているし、フランスの鉄道は速いから二〇〇キロ圏程度のところなら往復は可能である。

だが、そのあたりは、だいたい行ったことがあるので食指をそそらない。私といえども鉄道に乗ってさえいれば満足というわけではない。

それで、ヴェルサイユへ行くことにした。丹野氏も「ヴェルサイユなら行ってみたいです」と言う。ヴェルサイユはパリの中心部の西南二〇キロほどにあり、その間の車窓には田園風景が展開した記憶がある。

パリの地下鉄には乗り慣れているが、郊外への路線の接続となると、よくわからない。ルーブル駅の切符売場の脇《わき》の路線図を見る。字がこまかいので、老眼鏡をとりだす。中学生か高校生か、そのくらいの女の子が三、四人、私に近づいて路線図を眺める。と、私の顔に新聞紙がかぶせられた。数本の手が私にからみつき、上着の内ポケットや胸のあたりをまさぐる。ズボンのポケットにも手が突っこまれる。デイパックのチャックも開けられた気配である。私は「ノン、ノン」と叫びながら、もがき暴れ、彼女らに肘《ひじ》てつをくわす。丹野氏も襲われている。

彼女らは、たちまち消え失《う》せた。

パリにはこの種のヒッタクリ集団がいることは聞いていたが、体験したのははじめてである。丹野氏の観察によると、四人組で、私に三人、丹野氏へは一人であったという。なぜ三対一なのかと思う。

さいわい被害は皆無であった。しかし、面白くないのは、あたりにいたフランス人たちが、この一件を冷やかに眺めていることであった。

気をとりなおしてヴェルサイユへ行き、バカバカしいほど大きい宮殿や庭園を見て歩く。ここは一度見れば十分で、二度来るところではない。

ベルリン行の夜行列車　パリ―ベルリン

ヨーロッパの短い秋の日がたそがれ、荷物を預けてあるル・グラン・ホテルに戻ったときは、すっかり暮れていた。

ホテルに隣接するレストランで夕食をしながら、きょうの一日を振り返る。ルーブルやヴェルサイユより、やはり四人組の女の子に襲われた印象が強く、それが今日のパリ観光の第一の「成果」であったかのごとくになった。丹野氏は、旅のヴェテランとされる私と一緒なので大船に乗ったつもりが、そうでもないので、不安を感じはじめた気配である。

タクシーでパリ北駅へ行く。パリにはターミナル駅がいくつもあるが、ヒックタクリなどの被害が多いのは北駅だという。ベルリン行の夜行列車は北駅から出る。コンコースでは警察犬を連れた警官が巡回している。

午後八時半。鉄骨の大ドームに覆《おお》われた薄暗い北駅の12番線に、21時01分発のベルリン行の243列車が入線していた。くすんだ古い型の車両がつながっている。パリからベルリンへは飛行機の時代で、夜行列車など時代遅れ、といった感じは否《いな》めない。

私たちが乗るのは車両番号473の1等寝台車である。ヨーロッパの列車は、TGVなどの固定編成の列車を除いては日本のように1号車、2号車という判《わか》りやすい車両番号ではない。国際列車が多く、車両を切り離したり増結したりするので、それぞれの車両が三桁《けた》か四桁の番号を示して雑然とつながっている。だから、停車時間の短い途中駅で乗るときなどはマゴマゴすることがあるが、きょうは時間に余裕のある始発駅からの乗車なので、問題はない。

1等寝台車の内部は二段ベッドで、窓際《まどぎわ》の隅に蓋《ふた》つきの洗面台がある。蓋が小テーブルの役割りをはたす。

上段ベッドが低い位置にあるのがありがたい。日本をはじめ諸国の二段式寝台の上段は身の丈ぐらいの高さにある設計が多く、上り下りが難儀だし、寝返りをうって転落したら大怪我《おおけが》をしそうである。

国によっては転落防止のベルトや柵《さく》のない上段寝台もある。しかし、この上段寝台には転落防止の太いベルトがある。私は上段に寝てもらうはずの丹野氏の転落を防ぐために兵児帯《へこおび》状の長いベルトを用意してきたが、その必要はなくなった。

上段寝台が低い位置にあるので、下段の客は窮屈である。起き上ると頭がつかえる。が、それでいいだろう。寝台車は寝るためのものだ。そのかわり、昼間になれば上段を押し上げる構造になっていて、頭はつかえない。快適な二人用のコンパートメントになるわけで、よくできた寝台車だと思う。

丹野氏は日本の寝台車にも乗ったことがないという。ヨーロッパの1等寝台車の乗り心地を期待してきたらしいが、

「ああ、これが寝台車ですか」

と言う。余計なことを言わない寡黙《かもく》な人だが、期待を下回る印象を受けたようである。

とにかくこの狭い空間で、あすの朝8時58分にベルリンへ着くまでの一二時間を過すわけだ。

荷物の盗難事故は始発駅で多いという。そうだろうと思う。

だが私は自分が乗る列車の編成を頭から尻尾《しっぽ》まで眺めておきたい性分である。

丹野氏に荷物の見張りを頼み、暗いホームにおりて、ホームの先端へ向う。先きへ行くほど暗くなる。

先頭は、おデコの凹《へこ》んだフランスの電気機関車で、そのあとは日本式に言えば1号車と2号車が2等の座席車。ほぼ満席である。このクラスは飛行機より格段に安いはずで

ある。

そのつぎの3、4、5号車は「クシェット」(簡易寝台車)で、日本のB寝台に相当する。窓に顔を寄せて覗《のぞ》くと、三段式のベッドが向い合った六人部屋で窮屈そうである。若い女の子のグループがいる。6号車に相当するのが私たちの1等寝台、7、8号車も1等寝台である。9、10、11号車はクシェット。

定刻21時01分、ベルリン行の寝台列車は静かに動きだした。日本の列車のようなガクンという衝撃はない。車両の連結部に緩衝器《バッファー》がついているからであろう。

日本のような車掌の親切すぎる車内放送もない。

「これで発車したのですか」

と丹野氏が言った。かくして六八歳と五五歳の若くはない男二人のヨーロッパ鉄道旅行がはじまった。

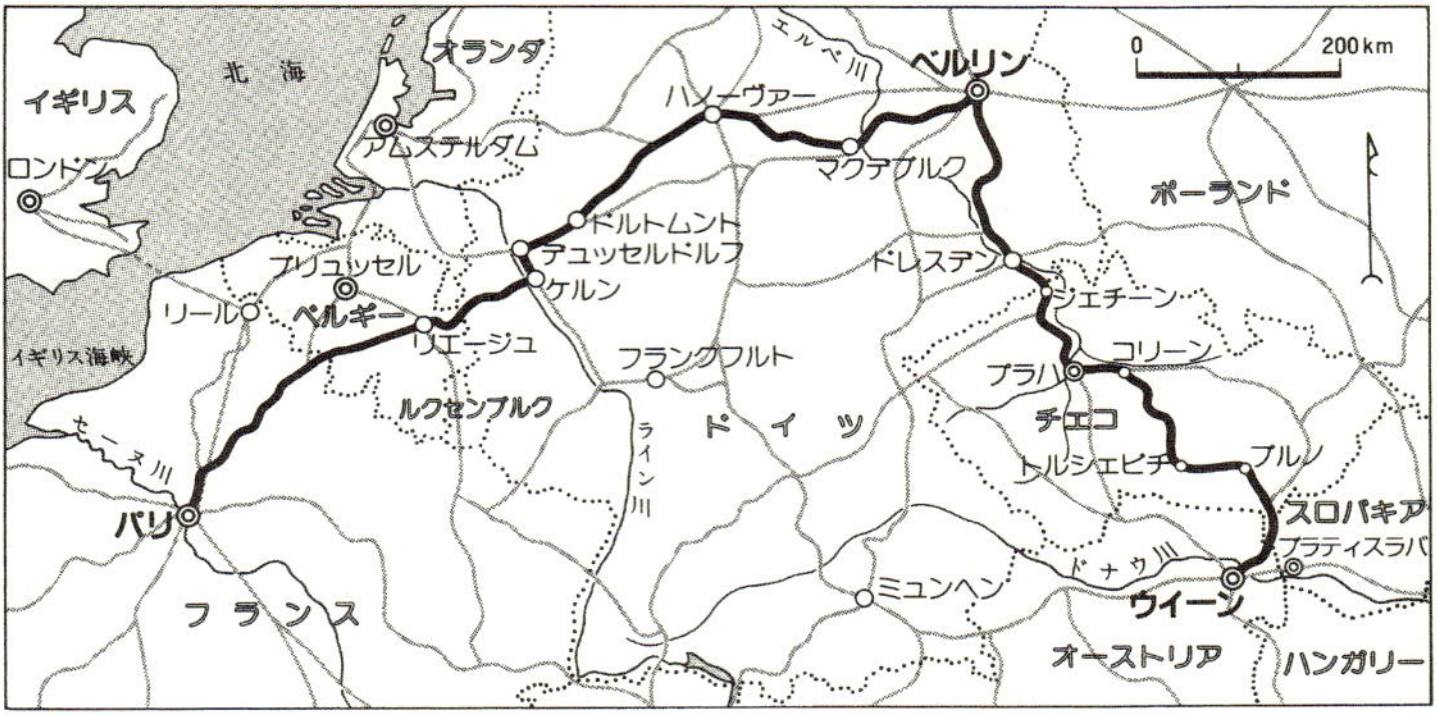

車掌の検札、ついでパスポートの提示。

パリの灯は遠ざかり、列車は闇《やみ》のなかを走りはじめた。

きょうは何かと疲れた。しかし、すぐ寝台に横になる気になれない。ウイスキーなどを飲みはじめる。睡眠薬の代りでもある。

「隣りの部屋は女の子の三人組ですね」

と丹野氏が妙なことを言う。

「どうしてわかるのですか」

「通路のガラスに映っています」

なるほど、隣りの寝室のドアが開いていて、中が見える。外が闇なので通路のガラスが鏡の作用をしているのである。

「二人部屋のはずなのに三人も入っているのはどういうことですかな」

「何かをたくらんでいる連中かもしれませんね」

「まさか」

「でも、要注意ですね」

丹野氏の観察眼が意外に鋭いのに感心するが、警戒心が強いようでもある。パリの地下鉄での一件があったので、しかたがないのかもしれないが。

私は下段ベッド、丹野氏は上段に横になる。

停車の気配で目が覚める。時計を見ると1時40分。大きな駅で、カーテンの隙間《すきま》から覗くと「リエージュ」の駅名標が見えた。ここはベルギーの交通の要衝で、工業の中心地である。

リエージュを発車。ベルギーは保線の状態が悪いようで、揺れがひどい。まもなくドイツに入る。そうなれば滑らかに走るだろう。

ケルン、デュッセルドルフ、ドルトムントを知らずに過ぎ、5時43分着のハノーヴァーで目が覚めた。定時の運転である。窓外が薄明るくなっている。

上段の丹野氏が下りてきた。私が起きるのを待っていてくれたようである。よく眠れたような顔つきではない。

上段ベッドを押し上げ、下段を座席に転換する。それから洗面台の蓋を開けて顔を洗う。

ハノーヴァーからベルリンまでの二八五キロは私のはじめて乗る区間である。

寝ぼけまなこで窓外を眺める。曇り空の下にまっ平らな北ドイツ平原が広がっている。ほとんどが牧草地で、まだ緑が濃い。民家は赤瓦《あかがわら》の切妻屋根で、集落には教会の尖塔《せんとう》がある。ポプラの並木も過ぎていく。列車の速度は一三〇キロぐらい。単調な風景のなかを坦々《たんたん》と走る。

ハノーヴァーから一〇〇キロほどで旧東ドイツに入ったはずである。ドイツが東西に分れていた頃は国境駅のヘルムシュテットに停車し、東ドイツの入国審査官が物々しく乗りこんできたはずだが、いまはヘルムシュテットに停車しない。

東ドイツに入れば民家のつくりが貧しくなるかと思っていたが、外観に変りはない。牧場と赤瓦屋根の変らぬ車窓風景がつづく。

7時29分、マクデブルクに停車。エルベ川に沿う河港で栄えた町だが、学校で習った「マクデブルクの半球」を思い出す。二つの半球を合せて内部を減圧し、馬で引っ張り合ったが離れなかった。つまり大気圧の強さを示す実験で、一六五七年におこなわれたという。その頃の日本にどれだけの「科学」があったのか。マクデブルクの駅名標は、そんな感慨を催させる。

マクデブルクを発車すると、エルベ川を渡る。河口から三〇〇キロもの地点なのに水量は豊かで、大きな船が浮んでいる。

ベルリンの一日

ふたたび牧草地の広がるなかを行くが、ベルリンが近づくと、林立するクレーンが遠望され、市街地に入ると線路が高架になって、定刻8時58分、ベルリン・ツォー駅に着いた。駅の近くにZOO《ツオー》（動物園）があるので、そう名づけられている。路面電車か地下鉄の駅名のようだが、ここが西側からの列車が発着するベルリン第一の駅である。

しかし、ツォー駅はヨーロッパの主要駅のような行き止まりの頭端式ではなく、堂々たる鉄骨に被《おお》われてはいない。現代的な高架ホームが並んでいる。

ホームにはスラックス姿の女性ガイドさんが迎えに来てくれていた。

私は昭和三六年（一九六一）一月、はじめてのヨーロッパ旅行でベルリンを訪れたことがある。

しかし往時茫々《ぼうぼう》で、勝手知った都市ではない。しかも東西ドイツ統一後は東からの失業者が流れこんで治安が悪いという。それで、ベルリンではガイドをつけてほしいとJTBに頼んでおいたのである。

女性ガイドさんは、なかなかの美人で、スタイルがよく、日本語も達者である。名前を聞いてメモしたはずだが、見当らない。頭文字がHであった記憶があるので、Hさんと呼ぶことにする。

Hさんと旅行社の車で市内観光に出かける。まずブランデンブルク門。旧東西ベルリンの境にあり、分割の悲劇の象徴とされた門である。古代ギリシャ風の形のよい門ではあるが、とくに大きくはない。左右につらなっていた「ベルリンの壁」は取り払われ、もちろん検問所も撤去されている。

門の前には土産ものの露店市がある。売っているのは軍帽、勲章などで、Hさんによると東ドイツ軍のものだそうだ。「壁」のかけらも並んでいる。

ブランデンブルク門をくぐって旧東ベルリンに入り、メインストリートのウンター・デン・リンデン通りを東へ一キロ半ほど走ると、シュプレー川の中洲《なかす》にいろいろな博物館の集った一角がある。「博物館の島《ムーゼウムスインゼル》」と呼ばれている。

その一つのペルガモン博物館を見学する。

ペルガモンは紀元前二、三世紀に栄えたアッタロス王国の都で、城壁の獅子《しし》の浮彫りが有名である。

その現物が目の前にある。写真で見覚えのあるライオンだが、迫力は全然ちがう。とてつもなく大きいのだ。こういうものを城壁ごと運んできたとは。感嘆し、呆《あき》れる。大切に保存されているので、野ざらしで風化することがなく、私たちが容易に見られるのは、ありがたいのだが。

「ヨーロッパの博物館で、エジプトやオリエントの「戦利品」を見るたびに、元の国へ返すべきだなと思う。しかし、十全な保存施設をつくる余裕のない国に返したなら、どういうことになるか。当分は掠奪者《りゃくだつしゃ》の管理を是認するほかないのだろう。

引返して、一部に残された「ベルリンの壁」を見る。高さは約四メートル。厚さは、よくわからないが一メートルぐらいありそうだ。壁はコンクリートだと思っていたが、私が見た箇所では、砂岩とも石灰石ともつかぬ自然石で、壁面は大理石のようであった。日本の城壁のような凹凸はなく、ツルリとしていて、忍者でも登りにくそうに思われた。壁面は落書きだらけであった。

ふたたびブランデンブルク門を抜けて、旧西ベルリンへ戻り、シャルロッテンブルク宮殿の向いにあるエジプト博物館へ行く。この博物館の目玉はアマルナ時代（前一四世紀）の王妃ネフェルティティの胸像である。私たち二人が顔を寄せ合うようにして見るほどの小さな石膏像《せっこうぞう》だが、気品のある色気は世界の一級品だ。

急ぎ足のベルリン見物を終えて午後一時、ツォー駅に近い「パラス・ホテル」にチェックインする。

空腹である。朝から何も食べていない。丹野氏もおなじだろう。Hさんに「この近くでドイツらしいものを食べさせるレストランを教えてほしい」と言う。Hさんは即座に店の名、料理名、場所を紙片に書いてくれた。

これでHさんの仕事は終り、お別れである。握手をしての別れぎわに、Hさんは、

「ベルリンには仕事のない人たちが東からたくさん来ています。気をつけてください」

と言った。

Hさんが教えてくれたのはホテルのすぐ近くのビルの地下にある「アルト・ニュールンベルク」というレストランであった。

「プラッテ……ミット……」と長い料理名の書かれた紙片をウエイトレスに示し、生ビールで乾杯する。

「ああ、うまい」

「ほんとにうまいですね」

他愛《たわい》のない会話だが、まったくうまいビールである。

大皿に盛りつけられた料理が運ばれてきた。あたりの客たちがナイフとフォークの手を休めて注目する。

太い骨が大皿の上に突っ立ち、根元には肉がたっぷりついている。豚肉なのだが、脂《あぶら》味《み》はなく、皮も肉も乾いていて、よくほぐれる。「アイスバイン」であった。

ホテルの部屋に入る。日本を出発してからまだ三日目だが、何やかやあって疲れを覚える。ビールを飲んだし、腹もくちている。日本の自宅なら昼寝をするだろうが、ここはベルリン、昼寝などする気になれない。

丹野氏とホテルを出る。電車に乗ってみましょう、とツォー駅へ行く。ベルリンには日本の旧国電に相当する路線がいろいろあり、「Sバーン」と呼ばれる。私たちはユーレイルパスを持っているので、自由自在に乗ることができる。

ツォー駅の高架ホームに上る。電車に乗るだけが目的だから行先きはどこでもよい。西へ向う電車が来た。四両編成だったと思うが、ステンレス製のきれいな電車である。それに乗る。車内は日本のJR線とちがって四人向い合せのクロスシートである。坐《すわ》り心地もよい。客は少い。

地図を開くと、この線は西の郊外のポツダム方面へ通じており、その途中に景色のよさそうな湖がある。

そのあたりまで行って引返そうと考えたが、私たちが乗った電車は、その手前が終着であった。ホームに降りて掲示された時刻表を見ると、その先きの運転本数は少く、三〇分も待たなければならない。

引返すことにしたが、このままツォー駅に戻ったのではつまらないので、途中のヴエストクロイツという大きな駅で下車した。ここは別のSバーンと立体交差になっている。

それにでも乗ろうかと階段を上りかけると風体のよくない男が、丹野氏に近づき、

「シガー」と手をさしだす。乗換駅なのに客はチラホラで、広いホームは閑散としている。なぜこうも客が少いのだろう。

階段を上り、北行の電車に乗る。地図によれば線路は西北に遠くまで延びている。しかし、私たちが乗った電車は、つぎの駅が終着であった。で、また引返すことにした。車内の客は私たち二人だけである。

と、三人組の男たちが乗りこんできて、通路の向い側に坐った。ガラ空きなのに、なぜ私たちの至近距離に坐るのか。

「ヤバイです」と丹野氏は席を立つ。私もその後につづいて車外へ出、急ぎ足に階段を上って駅の外へ出た。

あのまま坐っていたなら、どうなったかはわからないが、被害に遭う公算は大であったように思う。私は丹野氏の機敏な対応に感謝した。しかし、引率者たる私と丹野氏との立場が逆転しているではないか。

もうSバーンに乗る意欲がなくなり、タクシーでホテルに帰ろうと道路に立つと、運よく「ツォー駅行」の二階建てのバスが来た。Sバーンとちがって客は多い。おばさんや子どもたちである。

EC「ヴィンドボーナ号」 ベルリン―プラハ―ウイーン

一〇月一五日(日)。

きょうはベルリンからドレスデン、プラハを経てウイーンへ行く日である。旧東ドイツ、チェコ、オーストリアの三国にまたがって走るEC《ユーロシティ》で、発車は8時31分、ウイーン着は18時03分。距離は七七〇キロ。私のはじめて乗る区間で、大いに楽しみである。

三国のうち、チェコはユーレイルパスが通用しないので、乗車券を購入しなければならない。

それはよいのだが、チェコ国を通過するためにはビザが必要である。私たちはプラハで下車するのではなく、列車に乗ったままチェコを通過するだけなのだが。

飛行機であれば、プラハ空港を経由しても、トランジット(乗り継ぎ・通過)扱いでビザを要しないだろう。このあたりが鉄道旅行の面倒な点である。しかも、ビザ申請に添付した写真がパスポートのものと同じだったため、「一年以内に撮影したものでなければ不可」とチェコ大使館から突っ返された。

それはとにかく、曇り空ながら爽《さわ》やかなベルリンの午前七時過ぎ、ロビーにおりると旅行社の若い青年が迎えに来てくれていた。名刺を交換する。「ペーター・フェルトカンプ」君である。

きょう乗る列車は旧東ベルリンのリヒテンベルク駅から発車する。東欧圏への列車が発着するターミナルだが、ホテルから一五キロもあり、かなり遠い。

車は旧東ベルリンを東へと走る。町並みは西側より見劣りがするが、クレーンが林立し、市街の大改造中である。あと二年もすれば見違えるような市街に変貌《へんぼう》するのだろう。

リヒテンベルク駅に着いた。ツォー駅より規模が小さく、駅前の商店街もない。

「ドロボーがいますので気をつけてください」

とペーター君が言った。

階段を上ると三面の高架ホームがある。小さな駅ではないが、簡素だ。

旧東ドイツは道路事情が西ドイツよりわるく、マイカーの普及率も低いので鉄道が混雑すると聞いていたが、列車を待つ客は多くはない。大きなリュックを背負った若者のグループが目につく。

ただ、荷物も持たず、見送り人らしくもない男が二、三人、私たちの近くにいる。すでに丹野氏は警戒の眼差《まなざ》しである。

ホームに立てば列車の入線が待ち遠しくなる。ペーター君に「ウイーン行はどっちから入ってくるのですか」とたずねる。「わかりません」と言う。鉄道利用の客を案内することなどないのだろう。

八時一五分ごろ、電気機関車を先頭に列車が入ってきた。2等車が五両、目の前を過ぎる。コンパートメント車とオープンフロア車とが混じり合っている。そのつぎがレストランカーで、最後の一両が私たちが乗るコンパートメント・タイプの1等車であった。レストランカーが連結されているのが嬉《うれ》しい。

デッキの脇《わき》の行先標に「Vindobona」と赤字で列車の愛称が書いてある。ウイーンの古称だそうだ。

1等車に乗りこむ。ホームの客は多くはなかったが、狭い通路は人でひしめく。私の前には、荷物は持たず、見送り人でもない前述の男たちの一人がいる。コンパートメントを窺《うかが》っている気配に見える。

私たちは指定されたコンパートメントに入った。六人室だが、他に客はいない。件《くだん》の男が手ぶらでホームを立ち去っていくのが見えた。

ペーター君に見送られて定刻8時31分、ＥＣ「ヴィンドボーナ号」はウイーンへ向けて発車した。

シートには、この列車の時刻表が置いてある。各駅の着発時刻、駅間距離、駅ごとの乗りかえ列車案内など、親切だ。

ベルリン―ウイーン間の1等の運賃は一八五マルク（約一万四〇〇〇円）で、旧東ドイツの路線の運賃は西側より三割ぐらい安くなっている。東西の経済格差のため、まだ統一運賃を適用できないのだそうだ。

しかし、この列車に関するかぎり、車両は西側にくらべ遜色《そんしょく》はない。清潔だし、広々としている。シートがゆったりしているのは西洋人の体格に合せたからで、私たちが感心することではないだろうけれど。

新旧の共同住宅とクレーンとが入り交じる「開発途上地区」といった感じの旧東ベルリンを一五分ほど走ると、シェーネフェルトという駅に停車する。大きな駅だが乗る客はいない。このあたりが東西両陣営がベルリンを特別地区として管理していた頃の境界線である。

ホームに検問所のような物々しい建物がある。かつては厳しい検問がおこなわれた駅だったのではないかと想像をめぐらす。いまは無人になっている。

シェーネフェルトを発車した。これからドレスデンまでの一六六キロをノンストップで走るはずである。所要時分は一時間二六分となっているから最高時速は一五〇キロに及ぶだろう。これも西側諸国の鉄道にくらべて遜色はない。

雲が切れ、陽がさしてきた。

ベルリンが遠ざかり、田園風景になる。牧草地、収穫の終った畑、荒蕪地《こうぶち》が広がり、ときに雑木林に入る。それが単調につづく。

退屈な車窓だが、これも汽車旅ならではの味である。丹野氏も車窓から目を離さない。私たちが乗っている1等車は最後尾なので、後方のデッキに行けば展望車のような眺めが楽しめるはずである。それで、行ってみませんか、と丹野氏を誘ったが、

「私は荷物の番をしています」

と言う。

一人で後尾へ行く。一直線の線路が流れ去っている。

単調な風景が変らぬままにドレスデンの市街地に入ると高架になり、路面電車の線路を見下ろす。人口五〇万余の都会なのに街が淋《さび》しく感じられるのは車が少いからだろうか。

ドレスデン・ノイシュタットという駅にちょっと停車してから六分ばかり走り、10時23分、ドレスデン中央駅に着いた。巨大な鉄骨ドームの並ぶ大きな駅だ。鉄道が栄えた時代を彷彿《ほうふつ》とさせるが、いまは大きすぎる図体《ずうたい》をもてあましているかに見える。

制服の男が来て、「パスポート」と言う。チェコとの国境駅まではまだ六〇キロもあるのだが。

シャツの下に着こんだ胴巻きチョッキから汗ばんだパスポートを取り出そうとするが、チャックの調子がわるいので、モタモタする。

また別の制服がやってきた。こんどはチェコの入国審査官で、無愛想にビザに付された紙片をちぎる。

10時37分、列車はチェコを目指してドレスデン中央駅を発車した。

車窓が一変した。列車はエルベ川の左岸に沿って丘陵地帯へと分け入る。線路は曲りくねり、速度が下る。ローカル線に乗ったような気分になる。

エルベ川の川幅は山に押し狭められて五〇メートルあるかなしかだが、水量は豊かで水面を盛り上らせるようにして流れている。

そのエルベ川が渓谷美を見せてきた。両岸の山は紅葉している。突兀《とっこつ》とした奇岩があり、その上に古城が見上げられたりする。ライン川のローレライ岩のあたりの景観を小ぶりにしたような眺めである。

概して平坦《へいたん》なヨーロッパの国々では、国境が地形的にはっきりしない。列車に乗っていても、なんとなく他の国へ入ってしまう。

しかし、チェコはちがう。まわりをぐるりと山脈に囲まれて大きな盆地をなし、ここに独立国ができるのは当然といった形をしている。そのチェコ国の北の壁を突き破って流れるエルベ川を私たちの列車は溯《さかのぼ》っているわけである。対岸の道路にドライブインがあり、車が並んでいる。川辺で遊ぶ子どもたちの姿がある。きょうは日曜日。ドレスデンの家族の行楽地なのだろう。

チェコへの国境を過ぎて11時25分、ジェチーンに停車した。山間の小都市で、駅は対岸の斜面にある。またチェコの入国審査官が来た。

ジェチーンから20分ほどでウースティという駅に停車。時刻は11時49分。

私たちの1等車の隣りにはレストランカーが連結されている。食堂車があると行かずにはいられない性分であるし、お腹《なか》もすいてきた。チェコのピルゼン・ビールも飲みたい。

ウースティからプラハまでは一時間余のノンストップになる。荷物を置いてレストランカーへ行くには、この区間がよい。レストランカーにいるあいだに停車駅があると荷物が心配だ。

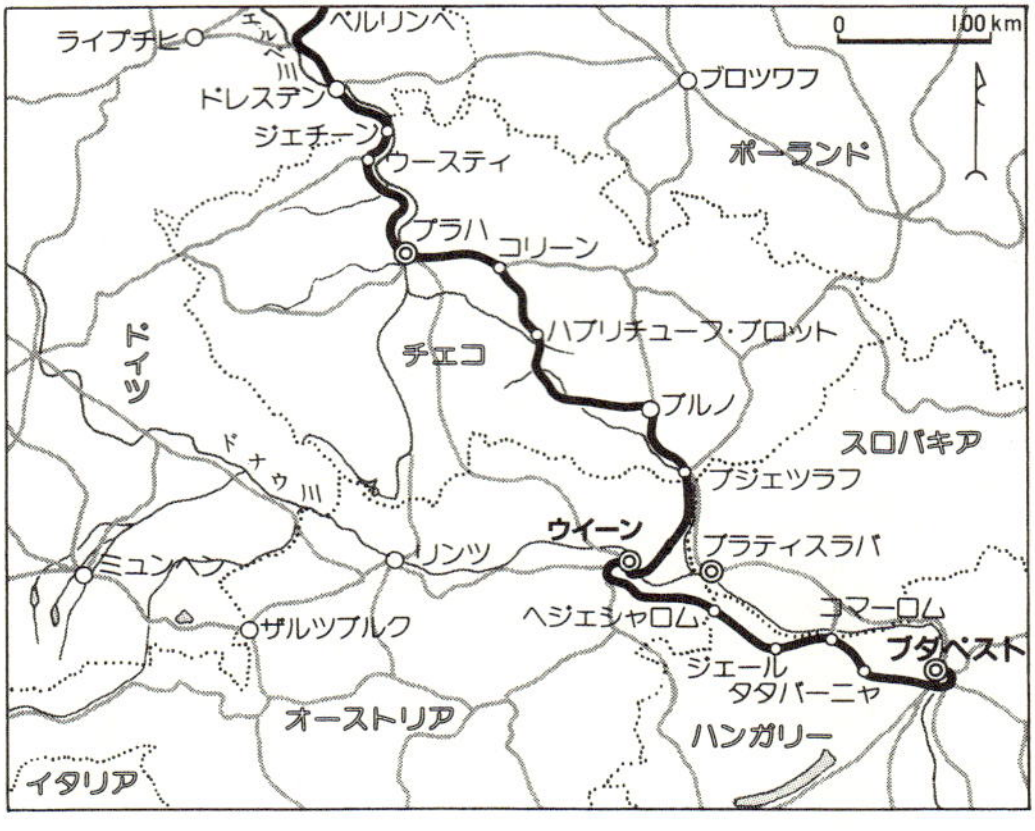

これは日本でもおなじだろう。

が、丹野氏は不安そうである。一人ずつ交代で行こうかとも考えたが、ビールを別れ別れで飲むのは楽しくない。丹野氏を促し、デイパックだけを持ってレストランカーへ席を移す。

エルベ川の渓谷の眺めはよいし、ビールはうまい。一杯ではすまない。丹野氏もビールが好きなようである。

と、列車が小駅に停車した。

「停まりましたね」と丹野氏。

「これはよくない」

対向列車が来た。いつのまにか単線区間になっていて、すれちがいのための停車なのであった。

「荷物が心配になってきた」

「ええ」

しかし、私たちは席を立てない。注文した肉の煮こみを食べはじめたばかりである。

「これじゃあ、なんのためにヨーロッパの汽車に乗りに来たのか、わからなくなる」

「猜疑心《さいぎしん》ばかり強くなって日本に帰ることになりそうです」と丹野氏。

二人で苦笑し合う。

コンパートメントに戻って三〇分ほどすると、ボヘミア盆地が広がり、遠くにプラハの町が見えてきた。

だが、わがウイーン行ECは、徐行したり信号停車をしたりする。

ようやく市街地に入り、高架になって13時23分、二一分の遅れでプラハ・ホレショヴィツェ駅に着いた。ガイドブックのプラハ市街図によると、プラハの中央駅は行き止まりの頭端式で、たぶん鉄骨ドームに被《おお》われた堂々たる終着駅なのだろうが、このホレショヴィツェ駅は高架で市街地を直進するバイパス駅である。規模も小さい。中央駅に着いて進行方向が逆になって、という形で乗りたいな、と思う。しかし、プラハを無視してウイーンへ直行するというスケジュールをたてたからには、やむをえない。

それにしても、プラハで途中下車も一泊もせずに通り過ぎてしまうのは惜しい。悔いが残る。

せめてもと車窓に目をこらすが、古都らしい風格はない。平凡で雑然とした都市にしか見えない。鉄道から見る都市というものは、概してそうなのであって、京都を新幹線で通り過ぎたのでは京の都を偲《しの》ぶのは不可能だ。わかるのは、プラハが丘陵の裾《すそ》の起伏の多い街だということだけである。

プラハから先きへの乗客は少ない。1等車はガラ空きで、無人のコンパートメントばかりになった。集団強盗が乗りこんできたなら、ひとたまりもない。どうも今回の旅行は、そんなほうへばかり関心が行ってしまう。

とはいえ、私たちはチェコの車窓風景を楽しんではいる。通り過ぎる集落のなかに聳《そび》える教会の塔の形が変った。ドイツでは剣のような尖塔《せんとう》だったが、ネギ坊主《ぼうず》状が現れてきた。ギリシャ正教なのだろうか。14時17分、二三分遅れでコリーンという駅に停車。遅れが何分であろうと、どうでもいいのだが、手帖《てちょう》にメモする。

列車はモラバ丘陵へと分け入る。寄り添うエルベ川は細まり、林間の清流になる。線路は曲りくねりながら自然のままの清流に添う。岩手県か北海道のどこかか、そんなところを走っているような感じがする。

水辺で釣糸を垂れる親子がいる。

「あ、釣れましたよ。マスでしょうか」

と丹野氏が言う。居眠りをしていたはずなのだが、眠りながら観察する特技があるようだ。この人、茫洋《ぼうよう》と観察眼の鋭さとを兼ね備えている。ながいつき合いだが、外国旅行という条件下を共にすると、意外な面に接する。

このあたりからがエルベ川とドナウ川の分水界である。しかし、山なみはおだやかで、トンネル一つない。列車はモミなどの針葉樹林帯のなかを右に左にカーブしながら走る。人家もない。

静けさと退屈とで、すこしまどろむ。

いつのまにか、線路に沿う小川の流れが進行方向に変っていた。

牧草地や耕地が現れてきた。平地が広がり、ポプラの並木もある。

コリーンから二時間余、ひさしぶりに町が出現して、16時32分、一五分の遅れでブルノに停車した。ブルノは南モラビア州の州都で、人口三七万、工業都市だが古い大学もあって文化の中心である、と地名事典に記されている。

ブルノでは客がたくさん乗りこんできた。これまで私たち二人だけで占領していた六人室には若い女の子のグループが入ってきた。通路に立つ客もいる。のどかだった車内の様子が一変した。

車掌が検札に来た。女の子たちが席を立つ。2等の客なのだろう。

代って入ってきたのが男二人と、だらしない身なりの女の三人組で、行儀がわるい。男の一人は酒瓶を手にし、坐《すわ》るやいなやラッパ飲みする。顔は赤黒い酒やけだ。アル中なのだろう。好ましい相客ではない。

すでに日は暮れかかり、コンパートメントの室内は薄暗くなってきた。西日を浴びたチェコの夕景は、泰西名画やクッキーの箱の絵のようで、鉄道旅行ならではの味わいなのだが、いやな相客のために楽しんで眺める気分にはなれない。ウイーンまであと一時間半、はやくウイーンに着きたい。そう思うから時間の経過が遅くなる。

ブルノから四〇分、ブジェツラフに着くと三人組が酒の臭《にお》いを残して下車した。ここはスロバキアとの国境に近く、首都ブラティスラバ方面への乗りかえ駅である。

つぎにコンパートメントに入ってきたのは中国系らしい女子学生風の二人であった。ユーレイルパスを手にしている。ヨーロッパでは購入できない切符だから、アメリカあたりの大学に留学していて、ヨーロッパに遊びに来たのだろうか。

ブジェツラフを発車すると、すぐオーストリアに入る。

窓外が暗くなった。ベルリンから七八〇キロ、九時間半、終着のウイーンが近づいてきた。

ドナウ川を渡る。街の灯が川面《かわも》を照らしている。水量は豊かで、大きな船が浮かんでいる。列車はウイーンの街を南から巻きこむように迂回《うかい》する。

18時08分、遅れを五分まで回復して、「ヴィンドボーナ号」はウイーン南駅に到着した。

ウイーンにはターミナル駅が三つあるが、大きいのは西側諸国からの列車が発着する西駅で、東欧圏との出入口である南駅はやや小さい。

南駅のホームに降り立つ。暗い駅である。ウイーンの華やぐイメージとはちがう。ある都市へ行く場合、空港から市街へ入るのと鉄道で到着するのとでは、ずいぶん印象がちがう。空港が表口で鉄道の駅は裏口といった感じになってきている。かつての鉄道の栄光を偲ばせる駅舎は堂々としているのだが、没落感は免れない。

暗いホームを丹野氏とともに荷物をひきずって歩く。最後尾の車両から降りたので、出口までは遠い。

駅は閑散としていたが、両替所だけは雑沓《ざっとう》していた。大きなリュックの若い男女が多い。ドイツ・マルクの残金と一万円札をオーストリア・シリングに替える。一日ごとに国が変るので、両替がわずらわしい。

タクシーでホテルへ向う。緩い下り坂の道の両側は商店街なのだが、照明は暗く、陰気な感じがする。南駅からの道はさびれているのだろうか。

一〇分ほどで今夜の宿のインターコンティネンタル・ホテルに着いた。市立公園《シュタットト・パルク》に面した大きなビルホテルで、ロビーは広く、照明も明るい。日本人の利用者が多いからであろう、フロントには日本女性がいる。

ウイーンでは二泊する予定である。

「ウイーン探訪はあしたにして、きょうはこのホテルで食べて寝るとしましょうか」

「そうしたいです」

丹野氏は疲れたようすである。日本を出発してから四日間、夜行列車に乗るなど強行軍だったし、いろいろと神経を使うことがあった。ひときわ警戒心の強い丹野氏にとっては、なおさらだろう。

通りに面したガラス張りのレストランで食事。ウエイトレス推奨の赤ワインで乾杯する。すこぶるおいしい。たちまち私たちは元気になった。

窓ガラスの外の歩道を女性たちが行く。その姿かたちのよいこと。おしゃれな美人たちだ。ベルリンの比ではない。この通りには有名なコンツェルトハウスやアカデミー劇場があるので、そこへ行くのだろうか。南駅に着いたときの印象とはずいぶんちがう。

「やっぱりウイーンですね」

と丹野氏は目を細めた。

ウイーンの休日

一〇月一六日（月）。

きょうはウイーン見物で一日を過す予定である。曇り空だが、雲は薄く、空気は爽《さわ》やかだ。

ホテルの前の地下鉄駅の自動販売機で、一日乗り放題の切符を買う。市営の路面電車やバスにも自由に乗れる切符で五〇オーストリア・シリング（約五〇〇円）。安いし、いちいち切符を買うわずらわしさのないのがありがたい。

ホームに立つと、ゴォーッと電車の進入音が近づいてくる。「来ましたな」と身構えると、電車は反対方向へのホームに停る。左側通行が身についてしまっているので、幾度となくヨーロッパに来ているのに、そのたびに勘ちがいをする。

二つ目の駅で郊外への線に乗りかえ、四つ目のドナウインゼル（ドナウ川の中洲《なかす》の意）で下車し、ドナウ川を眺める。

河川の改修がおこなわれて、一直線の運河のようになり、「中洲」も高速道路の分離帯を広くしたかの如《ごと》きで、「美しく青きドナウ」を偲ぶのは困難だが、さすがはドナウ川で、黒海の河口から一五〇〇キロぐらいはあるはずなのに、数千トン級の貨物船が航行している。

ドナウ川を眺めたことで満足するとして、つぎに行くべきは、どこか。ウイーンに来たからには美術館で名画を見たいという点では丹野氏と意見が一致しているのだが、あいにくきょうは月曜日で、美術館や博物館は休館日である。

とすれば、シェーンブルン宮殿へでも行くほかないだろう。なんだか、観光義務教育みたいで気がすすまないが、あてもなく繁華街をブラつくよりはよいだろう。地下鉄を乗りついで、市街地の西のはずれの「シュロス・シェーンブルン」駅で下車する。

宮殿内は観光客で雑沓していた。各国語のガイドがそれぞれのグループを引率して説明している。英語、ドイツ語、フランス語。説明の内容は私には理解できないが、何語かはわかる。韓国語や中国語の団体もいる。アジアからのツアーの増加ぶりには目を見張らされるものがある。日本語のグループはいなかった。

六歳のモーツァルトがマリア・テレジアの前で演奏した「鏡の間」やメッテルニヒが「会議は踊る」で活躍した大広間、装飾だらけで金ピカの調度品などを見る。幾何学模様でデザインされた庭園も広大だ。しかし、ハプスブルク家が追求した贅沢《ぜいたく》とはこういうものでしかないのか、という感じはある。

シェーンブルン宮殿を出て、西駅に立ち寄り、あすの午後のブダペスト行の指定券を買っておく。

西駅前の広場に市電の乗り場がある。ウイーンは路面電車の宝庫で路線がたくさんあって、市街地図によると、西駅前には四方向への線路がある。Ωカーブのレールも敷かれ、二両連結の電車が半回転して折り返したりしている。これは乗らずにはいられない。

「シュテファン寺院まで乗って、昼めしでも食べるとしましょうか」

そのあたりが旧市街の中心部で繁華街である。

電車の座席は木製で固いが、前向きの二人掛けで、外を眺めるにはぐあいがよい。車内も空《す》いていた。

「これはいいですね」

「日本はクルマ優先で路面電車を廃止したけれど、ケシカランことです」

と私たちはご機嫌になった。けさ買った市内フリー切符を手にしているので、なおさらである。

ところが、旧市街の中心部へ行くだろうと見当をつけて乗ったはずの電車は、つぎの四つ角で反対方向へ走りはじめた。

急いで市街地図を開く。丹野氏は、私に任せてはおけないとばかり、真剣に覗《のぞ》きこむ。

面目ないことだが、この乗りまちがいは結果としては面白かった。ウイーンのさまざまな場末へと分け入って行くのである。

複線が単線になり、路地に進入する。ウイーンの市街は意外に起伏が多く、「峠」を越えたりする。

単線から複線に戻るところで電車が停った。運転士が席を立ち、私たちが坐っている席の下からヤットコを取り出し、分岐器《ポイント》にあてがって何やら操作する。これが正常な運転業務とは考えられないから、分岐器の調子がおかしくなったのだろう。

電車を降りてタクシーをつかまえ、「シュテファン・ドーム」と言えばよいのだが、この電車に情が移ってしまった私は、終点まで乗った。ウイーンの国電外環線の西北部にあるゲルストホーフという駅と接続していた。

駅付近のスナックで軽食をすませ、今度は路線図を丹念にしらべ、途中から地下鉄に乗りかえてホテルに戻る。時刻は午後四時。しばらく各自の部屋におさまって休憩する。

これで昼間のウイーン見物は、それなりに終った。疲れを覚え、ベッドの上に仰向《あおむ》けになる。が、このままでウイーンでの貴重な一日を終りたくない。

何よりも行ってみたいのは国立オペラ座である。私は昭和三六年の昔に、はじめてのヨーロッパ旅行でウイーンに一泊したことがあるが、国立オペラを見る機会はなかった。だからレコードとCDだけでしか接しられなかった世界である。丹野氏もオペラにくわしいようで、「せめてオペラ座の外観や客を見たいです」と言う。

ホテルのフロントに置いてあった観劇案内によると、今夜の出し物は「セビーリァの理髪師」で、開演は七時三〇分。

ネクタイをしめて正装（？）し、地下鉄に一駅乗ってカールス・プラッツで下車する。

国立オペラ座が眼前にある。第二次大戦の空襲で破壊されたが、元どおりに復原されたという。フランス風ルネサンス様式の建物で、市庁舎のような威圧感がある。

正面の階段に車で乗りつけてくる淑女たち。ドレスアップして気取って大きな扉から入っていく。オペラ見物は、わが姿を見られることでもあるのだろう。ドアマンは宰相のような風格だ。

すこし気おくれがしたが、私たちは中に入った。

左側に切符売場があり、一〇人くらい並んでいる。国立オペラ座は当日では切符の入手は困難と聞いていたが、立見席はまだ売っているのであった。

私たちは二〇オーストリア・シリングで立見席券を手にした。わずか二〇〇円。貧乏人でも世界で最高とされるオペラが見られるのだ。これが文化国家なのだと感激し、私たちは大理石の階段を急ぎ足に上った。

立見席は最上層の六階で、そこから見下ろす国立オペラ座は巨大な筒のごとくであった。高所恐怖症の人なら身がすくむだろう。

一階は平土間、二階から四階は区切りのある枡席《ますせき》、五階は区切りのない椅子《いす》席。

どの階も満席で、着飾った人たちで埋まっている。私たちは六階立見席の右裾寄りの最前列の鉄棒につかまった。ここは舞台よりも客席を見渡すような角度にある。

開演定刻の七時三〇分、照明が暗くなり、指揮者が拍手に迎えられて谷底から姿を現した。しかし、視野から消えてしまう。そういう席なのである。

が、しばらくの静寂ののち、有名な序曲の最初の絃《げん》が響いたとたん、私は体がしびれた。これまで聴いたことがないキーンと神経に伝わるような響きである。ウイーンフィルの腕がよいからだろうが、円筒の最上層では音響効果がとくによいのかもしれない。

舞台の半分以下しか見えない席であり、「序曲と最初の一場面ぐらい見て退散しましょうか」のはずだったのが、ロッシーニの才とウイーンフィルの音の魔術で立ち去り難くなるうちに一時間余が過ぎ、前半の第一幕が終った。

丹野氏は第二幕も見たい気配だが、促して国立オペラ座を出て、近くの煉瓦《れんが》づくりの穴倉内のワインケラーへ行く。

「きょうは楽しい一日でした」

と丹野氏が言う。毎日が楽しいはずなのだが、連日何やかやあって、落ち着かない日ばかりだった。

一〇月一七日（火）。

ホテルのレストランには日本食のヴァイキング・コーナーがある。そこで朝食。やがて韓国や東南アジアの料理が並ぶかもしれない。

八時半にホテルを出、地下鉄でシュテファン・プラッツ下車。きのうから幾度も地下鉄に乗っているが、駅には券売機があるのみで、自動改札機はない。駅員も見かけない。

「これではタダ乗りが自由自在ですね」と丹野氏。

「そのかわり、無賃乗車が見つかると、すごい罰金をとられるそうです」と私は答えたが、聞いた話で経験はないし、本当にそうなのか自信はなかった。

シュテファン寺院は、見上げれば首が痛くなるほどにゴチック様式の尖塔《せんとう》がそそり立っていた。ここがウイーンの中心のヘソのようなところで、朝から店が開き、人通りも多い。観光客相手の馬車が並び、馬糞《ばふん》の臭《にお》いが漂っている。路上に雑誌や土産物などを並べて売る人もいる。

「こうやって、とにかく少しでも稼いで生活していこうというのでしょうか。ベルリンとはちがう感じがします。ウイーンの治安がよいのは、そのためでしょうか」

と丹野氏が言う。解釈の是非はとにかくとして、その観察は初々《ういうい》しい。

シュテファン寺院の裏手の路地に「フィガロ・ハウス」がある。五階建ての質素な共同住宅で、その一室でモーツァルトは「フィガロの結婚」を作曲したのであった。自筆の楽譜や手紙が展示されている由《よし》なので、見たいと思ったが、あいにく「一〇月九日から一二月まで閉館」の貼紙《はりがみ》がある。建物のなかに入って薄暗い階段を見上げるしかない。

一〇時の開館を待って美術史博物館《クンストヒストリッシエス・ムーゼウム》に入る。この美術館の展示品の豪華さについて説明する必要はないが、私はブリューゲルさえ見ればよいと思っている。しかし、丹野氏はデューラーなどにも関心があるようだ。

二人の動きがチグハグになる。互いに姿を見失ない、名画の鑑賞と相棒探しとが混じってしまう。出口での再会時刻を決めておいて自由行動にしたほうがよかったかもしれない。しかし、いっしょに絵を眺めるのも楽しいもので、その兼ね合いはむずかしい。

とにかく、ウイーンでの一日半は充実していた。満足感を覚える。

EC63「ベラ・バルトーク号」　ウイーン―ブダペスト

ホテルに戻り、預けておいた荷物をタクシーに積んで西駅へ。

私たちが乗るのは13時20分発のブダペスト行EC63である。この列車は、けさ6時00分にドイツ西南部のシュトゥットガルトを発車して、ミュンヘン、ザルツブルク、リンツを経て13時05分にウイーン西駅に到着し、さらにハンガリーへと向う国際列車である。終着のブダペスト着は16時26分となっている。

夜行の寝台列車ならとにかく、昼間の列車をブダペストまで延長運転して、どれだけの意味があるのかと思う。ウイーンで乗客の大半が入れかわってしまうはずだ。

ＥＣ63は五分遅れで到着した。七時間余も走ってきて、わずか五分遅れだから文句はない。が、下車した客は多いのに乗る客は少い。

ウイーン西駅は行き止まりの頭端式で、列車の進行方向が変る。私たちは荷物を引きずって後尾から編成を見て歩くことになる。

まず2等車が七両。真新しい車両で、コンパートメントはなく、オープンフロアの座席車ばかりである。ヨーロッパの鉄道車両は「密室殺人事件」型から日本式の開放型へと変化してきている。

行先標には、この列車の愛称「ベラ・バルトーク」が赤字で書いてある。バルトークがハンガリーの作曲家だったことに気づく。

七両の2等車のつぎがレストランカーで、その先に1等車が二両。計一〇両の編成であった。牽引《けんいん》するのはオーストリア国鉄の電気機関車である。

1等車は通路を挟んで二人席と一人席が並び、ゆったりしている。日本のグリーン車でも、こうした座席配置の車両が登場してきたが、それを上回る広々とした座席空間である。が、客はわずかで、七、八人であった。

13時20分、ＥＣ63「ベラ・バルトーク号」はブダペストへ向けて発車した。未知のハンガリー国へ向うのだから、気分が高揚してくる。西へと発進した列車は左へ左へと曲ってシェーンブルン宮殿の南を迂回《うかい》して東を目指す。

トイレへ行く。タンク式である。これには感心した。

日本の列車は、ローカル線のごく一部の車両を除いてはタンク式になっている。しかるに、諸外国の鉄道は線路上に放出する「タレ流し」がほとんどだ。あの清潔無比なスイスでさえタレ流しである。タンク式にすると、処理のための施設を要するなどの事情はあるにせよ、このままでは鉄道は前世紀の遺物と言われても仕方がない。

ヨーロッパの街を歩いていて、鉄道のガード下を通るときは要注意である。上から雨や雪でないものが降ってくる。

だから、この列車のトイレに感心するわけだが、丹野氏は、デッキの非常停止レバーの掲示を見て、

「五カ国語で書いてありますね。最初がハンガリー語らしいです」

と言う。なるほど、ハンガリー語、ドイツ語、フランス語、イタリア語、英語の順で記されている。

言語の並べ方からすると、この車両はハンガリー国鉄の所有にちがいない。しかし、製造がどの国のどの会社かはわからない。ドイツかスイス製ではないかと思う。これは車両の外側の銘板を見なくてはわからない。ブダペストに着いたときに見ることにする。

それにしても、タンク式トイレに象徴されるような新製車両をハンガリーが有してい

ると は意外である。ハンガリー国に対して申しわけないが、ブダペスト行の列車は旧態な古びた車両だろうと思っていた。西側諸国との通路であるウイーン―ブダペスト間には奮発して購入した新車を走らせているのだろうか。ついでに言えば、東欧圏諸国でユーレイルパスが通用するのはハンガリーのみである。ここにもハンガリーの西側への志向があらわれているように思われる。

というふうに、ちょっと乗っただけで国際政治評論家みたいな感想が湧《わ》いてくるのだが、この新製列車のガラ空きぶりは気にかかる。乗りものは空《す》いているほうが望ましいが、それにも限度があり、それを下回るとわびしくなる。「ベラ・バルトーク号」はその状況である。

平凡な田園地帯を一時間ほど走って、Hegyeshalomという淋《さび》しい国境駅に停車する。ハンガリー語の発音がわからないので「ヘジェシャロム」と呼ぶことにする。以下、ハンガリー国内の駅名は同然にさせていただく。

国境駅だから出入国の手続きがある。オーストリアの出国審査官は愛想よく「ダンケ・シェーン」と言う。ハンガリーの入国審査官は無愛想で、パスポートのビザが合法であるのが気に入らぬといった面持ちでスタンプをおす。

ハンガリーに入っても景色が変るわけではない。牧草地、収穫の終ったトウモロコシなどの畑、そして雑木林がつづく。私たちも「さて食堂車へ行きましょうか」と変りはない。「荷物を置いていって大丈夫でしょうか」と不安げな丹野氏も変りはない。

レストランカーの客は少なかった。いまや、どこの国に行ってもレストランカーは風前の灯《ともしび》である。しかし、ウエイターはキビキビとして愛想もよい。

コンソメとハンガリー風オムレツというのを注文する。卵を五個ぐらい使ったのではないかと思われる大きなやつで、しかも牛肉がたっぷり入っている。厚切りのパンも添えてある。一人前を二人で分ければよかった。

ビールも注文。昼間からビールを飲む癖がついてしまった。

列車は時速一〇〇キロぐらいで走っている。フランスやドイツにくらべると遅いが、揺れはすくない。

14時48分、ジェールに停車。ブダペスト以外には大都市のないハンガリーでは比較的大きな町で、人口一二万余、商業の中心地で繊維工業がさかん、と地名事典にある。

駅に停まると席に置いてきた荷物が気になる。大オムレツを食べ残し、1等車に戻る。

一五時一五分ごろ、コマーロムを過ぎるとドナウ川に沿う。岸辺は巨木の並木で、川面《かわも》は垣間見《かいまみ》るしかないが、さすがに悠然たる大河で、その堂々たる風格は日本にはないものだ。このあたりのドナウ川は国境線で、対岸はスロバキア国である。

ドナウ川から離れると丘陵地帯に入る。なだらかに起伏する丘が耕され、白壁の民家が西日を浴びている。

タタバーニャを通過して丘陵地帯を抜け出ると、ブダペストが近づき、高層住宅やクレーンが現れ、のどかだった車窓風景が変る。ハンガリーの人口は一〇〇〇万で、そのうち二〇〇万がブダペストに住むという一極集中である。

そのブダペストへ列車はまっすぐに進入しない。ドナウ川を渡り、速度を下げて南から北へ、そして西へと大きく迂回しながら都心へと近づいて行く。ブダペストへはそう簡単には入れませんよ、といった走りかたである。おかげで、古びて落着いた家並みを眺めることができるのだが。

家の屋根や路傍の車に落葉が積っている。きょうは一〇月一七日だが、晩秋の気配である。

ようやく線路が幾本にも分れ、構内が広がって、定刻16時26分、「ベラ・バルトーク号」はブダペスト東《ケレティ》駅に着いた。

ホームに降り立つと、タクシーの客引きがたかってきた。彼らは数多く、下車した客は少ない。私たちの荷物に手をかけたりする。

こんなことは珍しくもないが、今回の旅行では被害妄想にとりつかれている。逃げるようにして出口に向う。車両の製造会社の銘板を見る余裕はなかった。

駅前に並んでいるタクシーに乗る。正規のタクシー乗場から乗ること、これが鉄則である。それを怠って私は幾度も苦い経験に遭っている。

今夜の宿は「ラディソン・ベケ」という妙な名のホテルである。JTBが予約してくれたホテルだから安心してよいのだろうが、ガイドブックを見ても、このホテルは載っていない。ブダペストの一流ホテルはドナウ川に沿う眺めのよいところに並んでいるのだが、ラディソン・ベケの名はない。人名のようなので私は日本を出発するまえ、『世界人物事典』でしらべてみたが、そんな人物は掲載されていなかった。

だが、「ホテル・ラディソン・ベケ」と言うと、運転手は肯《うなず》いて走りだした。

すでに日は落ちて街路は暗い。見知らぬ街に分け入るのは旅の楽しみであるが、若干の不安感が伴う。

路面電車がある。二両連結で、たくさんの客が乗っている。こういうのを見ると、嬉《うれ》しくなる。ラディソン・ベケは立派なホテルだったが、市街地のなかにあり、部屋の窓を開けると、くすんだ家並みが見える。ブダペストに着いたのだな、と思うが、第一印象は暗い。

けれども、ブダペストを訪れた人は、「いい町です」と異口同音に言う。

はたして、そうなのかどうか。旅装をといた私たちは夜のブダペストにさまよい出た。

繁華街はホテルから離れたところにある。地下鉄があり、タクシーに乗って行ってもよいのだが、その気になれず、ブラブラしているうちに店が閉まりはじめた。

レストランでハンガリー料理でもと思っているが、いまひとつ食欲がない。食堂車の大オムレツを消化しきっていないらしい。レストランの入口に掲示されたメニューを眺めたが、よくわからないし、何を注文しても、大量の料理が出てきそうで、逡巡《しゅんじゅん》する。

「パンでも買って、ホテルの部屋で食べたいです」

と丹野氏が言った。

私たちは、まだ開いていたファストフードショップでピザ二枚と赤ワインを一本買ってホテルに帰った。大きなピザは一枚三七五フォリント（約三〇〇円）、ワインは二〇五フォリント（約一七〇円）。

ブダペスト瞥見《べっけん》

一〇月一八日（水）。

きょうは19時30分発のアリタリア航空でローマへ飛ぶ予定になっている。時間はたっぷりある。

私たちは観光バスでブダペスト見物をすることにした。はじめての町は観光バスで概観するのがよい。地下鉄や路面電車に乗りたいが、ブダペストの治安は悪くなっているというし、戦々恐々として市内見物をするのが億劫《おっくう》になっていた。

ホテルのフロントで三時間ツアーの観光バス券、二三〇〇フォリント（約一八〇〇円）を購入し、「九時三〇分に迎えにくる」とのことで、ロビーで待機する。

迎えに来たのは、バスではなく、ライトバンだった。他の客はいない。客が少ないので、ライトバンで間に合わせたように思える。私たちは、「これは貸切タクシーですな」と喜んだ。

ライトバンはドナウ川のほとりで停車した。大型観光バスが停っている。

ライトバンの運転手は何やら言い、走り去った。近くの駐車場に車を置いてから私たちを案内してくれるのだろう。背後にはブダペストでもっとも美しい建物とされる国会議事堂がネオ・ゴチック様式の塔やドームをつらね、内部は美術館さながらの由《よし》で、観光名所になっている。

眼前にはドナウ川が、約三〇〇メートルの川幅にたっぷりと水をたたえて、ゆったりと南へ流れている。

対岸は丘で、王宮や教会などが建ち並んでいる。マーチャーシュ教会の尖塔《せんとう》が、ひときわ高い。

ブダペストは、ドナウ川をはさんで西は丘の上の王城の地のブダ地区、東は平坦《へいたん》なペスト商業地区とに分かれている。私たちが泊ったホテルも、いま立っているところもペスト地区である。

ドナウ川を前景にして丘につらなるブダ地区の眺めは高雅なのだが、ライトバンの運転手は戻ってきてくれない。

私は勘違いをしていた。件《くだん》のライトバンの運転手はホテルから観光バスへの連絡係だったのだ。それに気づいてバスガイドにチケットを示すと、「オー」と待ちかねたように言い、バスは動き出した。私たちのために数十人を乗せた観光バスは、かなり遅れて発車したようである。

ドナウ川を渡り、ブダ地区に入ると、曲りくねった上り道になる。

そして、ブダ地区の観光。マーチャーシュ教会やブダを守り抜いた「漁夫《ぎよふ》の砦《とりで》」などを見る。しかし、落葉を黙々として払う清掃係、広場で自動オルガンを奏《かな》でる辻《つじ》音楽師、高みから見下ろすドナウ川と、そこにいくつも架かる橋のほうの印象がつよかった。

観光バスはブダ地区の名所を回ったあと、坂を下ってドナウ川を渡り、東側のペスト地区に入った。こちらは平坦で、市街地が広い。ブダペストの人口は二〇〇万だが、その大半はペスト地区である。

しかし、ペスト地区には名所は少ない。英語、ドイツ語を駆使して、しゃべりつづけだった女性ガイド氏の口数も少なくなった。

バスは繁華街を東へ走り、市立公園の英雄広場で一憩したあと、北寄りの道を戻ってドナウ川に近い終点に着いて解散。一巡三時間半。時刻は午後一時。

ハンガリーの料理では「グヤーシュ」が有名である。牛肉や野菜をパプリカで煮こんだスープだという。

昼食はそれで、ということでガイドブックを開く。グヤーシュを食べさせる店が、いくつか紹介されている。その一つのAという店が近くにある。そこへ行く。が、ウエイターは「グヤーシュはない。ビーフシチューはある」という。

量のみ多くて変哲のないシチューを前に、ビールを飲む。ビールだけは、どこへ行ってもうまい。

それから、ガイドブックの地図を頼りにヴァーツィ通りを南へ歩く。この通りは高級な店が並んでいるという。なるほど、店も通りを行く人も、西ヨーロッパの繁華街のようである。

大きな民芸店があり、入口にはエプロンをつけた女性の等身大の人形が立っている。そのエプロンには「グヤーシュの作り方」が、なんと日本語で印刷されている。筆跡はたどたどしく、それが好ましい。お値段は六〇〇フォリント（約四九〇円）。土産ものとして絶好だ。五着でも一〇着でも買おうと思う。日本に持ち帰って配ったなら喜びそうな奥さんが私の近隣には何人かいる。

けれども、日本語版の在庫はゼロ。英語やドイツ語のならあるという。がっかりしていると、店の女の子が、

「一つだけならある」

と英語で言う。「一つでもいい、欲しい」と答える。

「汚れているが、かまわないか」

オーケーと答える。

店を出て等身大の女性の人形を見ると、エプロンをはずされて、素っ裸になっていた。

時刻は午後三時。きょうはブダペスト空港発19時30分のアリタリア航空機でローマへ飛ぶ予定である。都心から空港への時間を勘案しても、三時間ぐらいの余裕がある。その時間を利用して地下鉄や路面電車に乗りたい。観光バスだけでブダペストを終りたくない。丹野氏も「地下鉄に乗らなくてはいけませんね」と言ってくれる。鉄道屋の私への配慮であろう。

ヴァーツィ通りの南に地下鉄の駅がある。階段を下って、窓口で「一日自由乗車券」を買う。二八〇フォリント（約二三〇円）、しかも地下鉄だけでなく、路面電車にも乗れ

るのである。ハンガリーと日本との所得や物価の格差はあるが、二三〇円は格段に安い。ヨーロッパを旅していて感心するのは公共交通機関の運賃の安さである。

地下鉄ホームへ下るエスカレーターに乗る。丹野氏が、

「うわあ、速いですね」

と驚く。エスカレーターのスピードが日本や西ヨーロッパより断然速く、滝を下るような感じなのだ。

モスクワやレニングラード（現在のサンクトペテルブルグ）の地下鉄のエスカレーターを思い出す。あまりの速さに怖気《おじけ》をふるった。旧ソ連や東欧圏のエスカレーターのスピードが速いのは地下鉄の利用者が多いので効率を高めるため、と私は解釈しているが、当てにはならない。しかし、かなり危険な乗りものであって、下り終ったところで一人が転倒すると、その上に人びとが折り重なって大惨事になった例がモスクワにある。だからモスクワの主要な地下鉄駅のエスカレーターの末端には緊急停止ボタンの脇《わき》に監視係がいた。とにかく、お年寄りが乗れるものではない。

ホームに下ると、濃緑色の武骨な電車が入ってきた。ラッシュ時ではないのに混雑していた。

ブダペストには三路線の地下鉄がある。路面電車は、もっとたくさんの系統がある。

こまかいことは省略するが、私たちは北へ向う地下鉄に乗り、三つ目の駅で下車して地上に出、こんどは西へ向う路面電車に乗った。

電車はドナウ川に架けられたマルギット橋を渡ってブダ地区に入り、南に曲り、歴史の古さを感じさせる通りを行く。路面電車と古都。佳《よ》きものである。

だが、私の関心は、どこで降りて、その先をどうするかである。市内地図を開き、老眼鏡をかけたりするので忙しい。

路面電車を降りて、また地下鉄に乗る。ドナウ川の川底をくぐる新しい路線で、エスカレーターが長い。奈落《ならく》へと吸いこまれる。

ホテルに戻るべく、三本目の地下鉄に乗りかえる。オクトゴンという駅で下車すればホテルに近いはず、との見当はついている。

車内はこんでいた。つぎの駅に停車すると、丹野氏が「降りましょう」と私をホームへ押し出す。二人組の怪しげな男が私の背後に近づいたのだそうだ。

そこから二つ目のオクトゴンで下車し、見当をつけた方向へ歩きだしたが、「ラディソン・ベケ」ホテルが見当らない。おかしいな、と立ち止まると、風体のよくない男が声をかけてくる。それを振りはらって急ぎ足に道路を横切ったりするので、ますますホテルが見つからなくなる。

「旅行社がありますね。あそこで訊《たず》ねてみましょう」

と丹野氏が言う。なるほど、道路の向う側に小さな旅行社がある。よく気がつく人である。外国旅行に慣れている私としては面目ないことだが、これは経験より天性か性分の問題なのだろう。

私はオクトゴン駅からホテルとは反対の方向へ歩いたのであった。

ところで、きのうからのことなのだが、目が痒《かゆ》い。けさからは目ヤニがしきりに出る。咳《せき》も出る。クルマの排気ガスのせいではないかと思う。ペスト地区は排気ガスで臭いのだ。

薬屋に立ち寄る。日本とちがって医師の処方箋《しょほうせん》を示さなければ薬は売らないのだが、目ヤニを見せたりしていると、相手は面倒くさくなったのか、目薬を売ってくれた。言葉が通じない効果かもしれない。

ホテルに戻ったときは日が暮れていた。

フロントに預けてあった荷物を受けとり、タクシーで空港へ向う。これからローマへ飛ばなければならない。明るいうちに飛んで、旧ユーゴスラヴィアのクロアティアやボスニア、アドリア海を見下ろしたかったのだが、ブダペスト─ローマ間の便数が少ないので、やむをえなかった。

空港へのハイウエイを古びた車は猛スピードでとばす。道は暗い。

無事に空港に着いた。都心から約二〇キロだが、メーターは二七〇〇フォリント（約二二〇〇円）。日本のタクシーなら六〇〇〇円以上だろう。一〇〇〇フォリントの紙幣を三枚渡し、お釣りの三〇〇フォリントをチップにする。若い運転手は几帳面《きちょうめん》にレシートを書く。ホテルからの夜道では、どこへ連れて行かれるか、との不安をおぼえたが、そんな不信を抱いて申しわけないと思う。ブダペスト空港は西欧にくらべると規模が小さく、薄暗かった。

19時30分、アリタリア航空機はローマへ向けて離陸した。

これでブダペストとはお別れである。何かチグハグして好印象を受けないまま去るのだが、この街、もう一度、ゆっくりのんびりと再訪したい気がする。その機会があるかどうか、覚束《おぼつか》ないが。

ハンガリー人らしい大柄なスチュワーデスが機内食を配る。これまた大柄なオムレツである。イタリアの飛行機だが、食料はハンガリーなのであろう。ワインのお代りを注文し、オムレツは半分だけ食べる。

窓際《まどぎわ》の丹野氏が、「大きな町が見えます」という。街の明りが光の砂を撒《ま》いたようである。クロアティア共和国の首都のザグレブにちがいない。これは右窓からの眺めで、左側は紛争のつづくボスニア・ヘルツェゴヴィナである。もちろん真っ暗で、何も見えない。

ブダペストから二時間弱、機はアドリア海を横切り、イタリアに入って21時30分、ローマのフィウミチーノ空港に着陸した。

夜が更《ふ》けたからであろう、大空港は閑散としていた。

両替えをする。一ドル＝約一六〇〇リラだから、一〇〇ドルのトラベラーズチェック二枚が三二万リラもの札束になる。得をしたような気分になるのが不思議だ。

「タクシー」と男が近づいてきた。

ローマは雲助、スリ、置き引きなどの横行する観光都市である。男を無視し、正規のタクシー乗場へ向いかけると、男は「タクシー・チケット」と言ってカウンターを指さす。なるほど、「タクシー」の札があり、係らしい男が坐《すわ》っている。公設の機関のようだ。

雲助タクシーの横行から観光客を守るために、こうしたカウンターを設けたのか、と思った。

カウンターの男は私たちに行先を訊ねる。今夜のホテルは、映画で有名になった「終着駅《テルミニ》」に近い「メディテラネオ」で、空港から二五キロほどある。

男は用紙に何やら書き、私に手渡す。乗車券だろうから金を払おうとすると、男は手を振り、席を立ち、最初に声をかけてきた男と二人組になって私たちの荷物を奪い取るようにして先導する。

暗い駐車場の一台の車に私たちは連れこまれた。屋根の上にあるべきはずの「タクシー」の表示はない。雲助白タクにひっかかったのであった。しかし、私たちの荷物は後部のトランクに収められてしまった。乗るほかない。車は走りだした。

ひときわ警戒心の強い丹野氏は不安の極み、といった面持ちで黙然としている。

「市内へ向っています。心配しなくても大丈夫ですよ」

と私は言ったが、返事もない。

コロッセオのシルエットが現れ、白タクはメディテラネオ・ホテルに着いた。

請求されたのは一六万リラ（約一万七〇〇〇円）。正規のタクシーでも夜間割増時間帯であることを勘案すれば九万リラ（約六〇〇〇円）の距離だから大損害というほどの被害額ではない。とにかく、無事にホテルに着いた。

ICでメッシナ海峡を渡る　ローマ—タオルミーナ

一〇月一九日（木）。

今回の旅行では、きょうの行程がいちばん魅力がある。未知の南イタリアを走り、シチリア島へ渡るのである。しかも、列車をフェリーに積んでメッシナ海峡を渡るという芸当をやってくれるので、楽しみでしょうがない。丹野氏も昨夜の白タク内とは別人のように晴れやかな顔になって、「私も楽しみです」と言う。

シチリア島ではタオルミーナとパレルモに各一泊し、パレルモからは飛行機でローマに戻る予定である。だからスーツケースをホテルに預け、デイパックだけの身軽さで旅をすることができる。

ローマ・テルミニ駅は行き止り頭端式の大きな駅で、27番線まであり、各番線には電気機関車を先頭に到着したもの、発車を待って尻《しり》を向けたもの、さらには電車の発着もあって通勤者の群れが降りてくる。朝のテルミニ駅は活気に溢《あふ》れていた。

私たちが乗るのは8時10分発の列車で、三〇分も早く来たのに、すでに13番線に入線していた。

この列車にはＩＣ275、277、279の三つの列車番号がついている。「ＩＣ」（インター・シティ）は国内都市間急行の意だが、列車番号が三つもあるのは、この列車がメッシナ海峡で三本に分割されるからである。

さっそく編成を見て歩く。先頭は電気機関車で、以下つぎのごとくであった。

1号車―6号車がパレルモ行のＩＣ275（5号車が1等車、6号車がビュッフェ車）。

7号車―10号車がシラクーザ行のＩＣ277（10号車が1等車）。11号車―13号車がレッジオ・ディ・カラブリア行のＩＣ279（12号車が1等車）。客車はすべてコンパートメント型で、私たちは10号車、つまりシラクーザ行の1等車である。指定券を入手しておいたので、六人室の入口に「ROMA-TAORMINA」の紙片が二枚挿入されている。あとの四席に紙片はない。自由席であることを示しているわけだ。

ヨーロッパの鉄道は、どの国でもこういうキメこまかいサービスをやっている。面倒なことだろうと察するが、指定料金は四五〇〇リラ（約三〇〇円）だから安い。ついでに言えば、この列車は日本ならば「特急」に相当するが、特急料金の加算はない。

それはとにかく、窓際《まどぎわ》に向い合って坐《すわ》っていると、おばさん三人と若い娘一人が乗ってきて、席がふさがった。イタリア人らしい陽気な田舎のおばさんといった感じだ。

定刻8時10分に発車。郊外に出ると、古代ローマの水道の遺跡が見えた。半ば崩れた煉瓦《れんが》積みの壁がつづいている。そして、レスピーギ作曲の「ローマの松」で知られる独特の形の笠松の並木、ブドウ畑などが車窓を過ぎていく。きょうは晴れで、陽光がさしこんでいる。

この列車はナポリまでノンストップで、二一四キロを一時間五〇分で走る。表定《ひょうてい》速度

（キロ数を所要時分で割った数値）は時速一一七キロだが、発着時をはじめ徐行区間などもあるので、大半の区間を時速一五〇キロぐらいで走る。軌間《ゲージ》が広いからだが、日本の在来線の特急より速い。

三〇分ほど走ると、のどかな風景が変り、つぎつぎに岩山が現れてくる。

列車はトンネルに入り、それを抜け出て海岸に出たかと思うと、またトンネルに入り、出れば耕地が広がる、といった複雑な展開になる。

ナポリが近づいてきた。ナポリは山に囲まれた自然の良港で、それによって栄えた。

列車はトンネルに入ったり出たりしながら速度を下げ、南から北東へと市街地を迂《う》回《かい》しながらナポリに敬意を表するかのように、ゆっくりと中央駅の構内に入って停車した。

私は、はじめての外国旅行の昭和三六年にナポリまで来て一泊した。外貨に乏しい時代だったが、どうしてもナポリを見たかった。「ナポリを見て死ね」という言葉がある。

そのときのナポリの印象は、私が安宿に泊ったからでもあろうが、狭い路地ばかりの街で、洗濯物の色彩の華やかさと、小さな飲食店で朗々と歌う客の声に、さすがナポリだと感心したものだった。

三四年ぶりのナポリは高層ビルが建ち並び、印象がちがった。下町に行けば変らぬ姿に接しられるのだろうが、今回は素通りである。

ナポリでは、たくさんの客が下車したが、わがコンパートメントのおばさんたちはシチリア島のカターニアやシラクーザへ行く。

ナポリ駅は頭端式なので、進行方向が逆になり、10時12分に発車。

まもなく左窓にヴェズヴィオ火山が見えてくる。浅間山に似た山容だ。右窓は海岸で、通路に出て振り返ればナポリの街、前方には「帰れソレントへ」の岬やカプリ島を望むことができる。霞《かす》んでいるが、景色のよいところだ。

ポンペイを通過する。紀元七九年に埋没した有名な遺跡は駅から近いはずだが、もちろん車窓からは見えない。

ヴェズヴィオ火山が遠ざかり、トンネルを抜けて、10時55分、サレルノに停車。一九七年にローマ人によって建設された都市で、オリーヴ油、ブドウ酒などの輸出港、マカロニなどの食品工業がさかんで人口一六万、と地名事

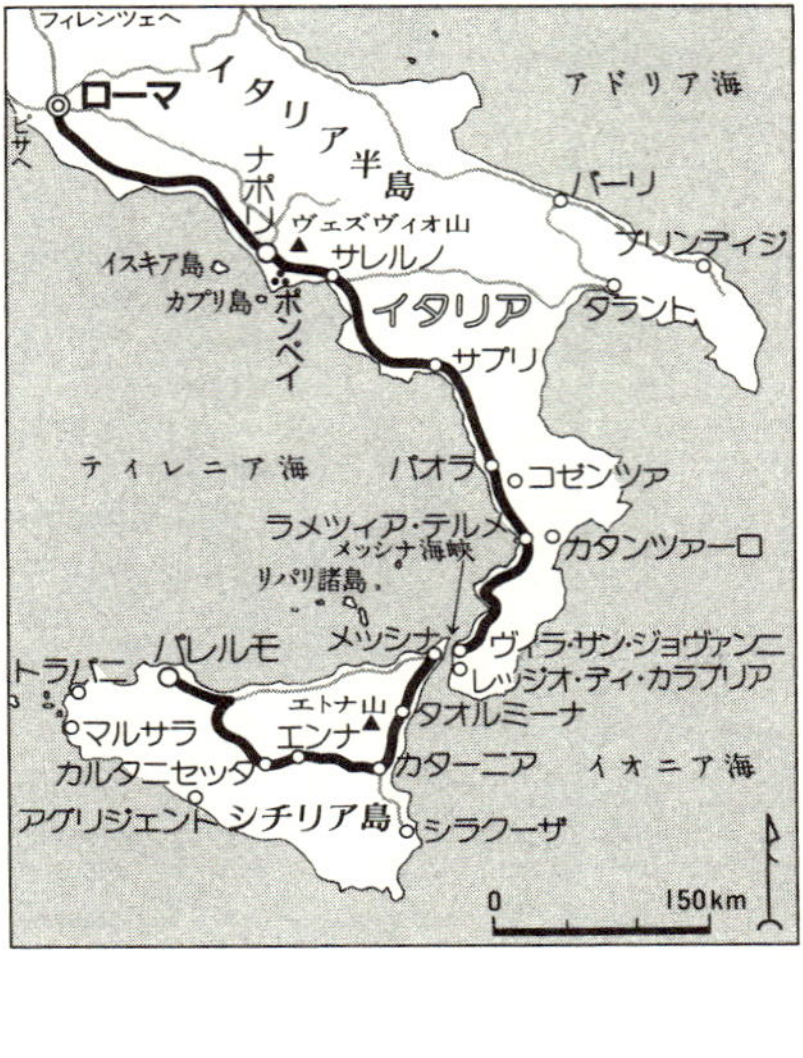

典にある。南イタリアらしい町なのだろう。

私は五五万分の一という鉄道旅行に手頃な縮尺の地図を持ってきたので、車窓の眺めが、いっそう楽しい。ここでは「時刻表よりも地図」である。

その地図によると、サレルノからイタリア半島を横断して東海岸に至る鉄道がある。その路線たるや、曲りくねりの極《きわみ》で、直線で結ぶのの三倍ぐらいありそうだ。機会をつくって乗ってみたいとの衝動に駆られる。

サレルノを発車した列車は野菜、ブドウ、オリーヴなどの畑地を行く。前方に山と岬が迫ればトンネルに入る。

長靴そっくりの形のイタリア半島の地形は、日本によく似ている。だから親しみがある。しかし、ちがうのは丘や岩山の上に城壁をめぐらした町の多いことである。日本でも戦国時代に築かれた山城を車窓から眺めることができるが、それは城だけであって町ではない。イタリアの場合は山上に町がある。ローマより北のアッシジ、ペルージャ、アレッツォ、オルヴィエートなどは「中世都市」として観光地になっているが、南イタリアに来てみると、山上の町の規模は小さくなるが、山や丘は、ひときわ高い。

さぞかし生活に不便だろうと思う。ながい争いの歴史のなかで山や丘の上に安住の地を求めたのだろうか。

平地はほとんどなくなり、列車は地中海の岸に沿う。短いトンネルに出たり入ったりする。カーブも多いが、速度はローマ―ナポリ間と変らない。時速一四〇キロぐらいで走っている。複線・電化の一級路線とはいえ、立派なものだ。

イタリアは、ミラノなどの北部が富み、南へ行くほど貧しくなるという。しかし、車窓からの瞥見《べっけん》では、赤瓦《あかがわら》屋根の家のつくりが、やや鄙《ひな》びたかな、という程度である。トンネルの連続の合間に集落や漁村がある。列車が速いので目まぐるしい。山陰本線を時速一四〇キロで走ったなら、こんな感じになるのかな、と思うが、日本海とちがって地中海は明るい。

このあたりから目立ってきたのは白壁の別荘やリゾートマンションである。太陽の恵みに乏しいヨーロッパの人たちは地中海にヴァカンスの地を求めるが、大半は南仏やスペインの地中海北岸である。それより南で、明るく暖かい南イタリアはリゾート地として発展するだろう。

おなかがすいてきたので、6号車のビュッフェ車へ行く。スーツケースをローマのホテルに預けてきたので気が楽である。

ビュッフェ車は、入口に売店、両側の窓際にスタンドが並ぶセルフサービス形式であった。サンドイッチを買う。ヨーロッパのサンドイッチはコッペパンの間にハム、ベーコン、レタスなどを無雑作に挟んだ大柄なやつで、入歯族には食べにくい。

大きな窓からは南イタリアの陽光が差しこんでいる。そして、窓いっぱいに地中海が広がる。

12時52分、パオラに停車した。サレルノからの二二一キロを一時間五七分で走ったわけで、表定速度は一一三キロという計算になる。

パオラからは内陸部のコゼンツァなどを経て東海岸に至る路線が分岐している。これまた曲りくねった羊腸たる鉄道で、食指をそそられる。

三〇分ほど走ると、ひさしぶりに平地が現れて、13時22分、ラメツィア・テルメに停車。かなりの数の客が下車した。しかし乗る客はほとんどいない。ローマを発車していらい、ナポリ、サレルノ、パオラ、そしてこのラメツィア・テルメと四つの駅に停車したが、降りる客は多く、乗る客は少ない。列車は健気《けなげ》に高速で走るが、シチリア島まで八時間を要するので飛行機に客を奪われたのだろう。

トイレに行きながらコンパートメントを覗《のぞ》くと、客は一人か二人、無人のもあった。ひさしぶりに開けた平地は、たちまち消え失《う》せ、車窓はトンネルと海岸とが交錯する従来の型になった。

列車は、長靴状のイタリア半島の爪先《つまさき》にさしかかる。

左から山が迫り、線路は崖下《がけした》に張りつくように敷かれている。

まもなくシチリア島の東北端の岬が見えてくるはずである。私たちは通路に出て窓に顔を寄せた。

そんなに焦《あせ》らなくても、まもなくシチリア島に渡れるのだから、落ち着いていればよいのだが、すこしでも早くシチリアの島影やメッシナ海峡を見たい。

世界地図を眺めて面白い形だな、と思うのは長靴そっくりのイタリア半島とヒトデのようなスラウェシ（セレベス）島（インドネシア）だろう。インドシナ半島とマレー半島も陰嚢《いんのう》とペニスを連想させ、北海道も大きな島が口を開いて青森県を食おうとするかの如《ごと》くで、造化の妙を感じさせる。

が、やはりいちばん面白いのはイタリア半島で、シチリア島を蹴《け》っとばす直前の瞬間であるかに見える。

もとより稚気に類する観察だが、もし、長靴に蹴られてシチリア島が砕けたり、あるいは長靴の先にくっついて半島の一部になったとしたなら、地中海の歴史は大きく変ったかもしれない。

わずか三キロのメッシナ海峡のゆえに、シチリア島は地中海支配の拠点になったのではないかと思う。古くはフェニキア人、ギリシャ人、ローマ人、サラセン人、さらには地中海とは縁のなさそうなノルマン人の侵略も受け、さまざまな民族による植民地になった。そして現代ではシチリアといえばマフィア発祥の地のイメージがある。私のシチリア島についての知識は乏しくて、以上の域を出ないが、何やら歴史の重みを感じさせられる。そのシチリア島に、まもなく渡るのである。

列車は崖っぷちの際どいところを走り、ようやくメッシナ海峡にさしかかった。対岸のシチリア島の東北端に立つ鉄塔が見えてきた。電波塔らしい。高い鉄骨の櫓《やぐら》は「無用の者、渡るべからず」とメッシナ海峡を監視しているかのようだ。

トンネルを抜け、岬を回ると対岸にメッシナの市街が広がった。

14時18分、定刻より七分も早く列車はヴィラ・サン・ジョヴァンニに着いた。ここがメッシナへ渡るフェリーの港である。

イタリア国鉄のＦＳのマークを煙突につけた船が間近かに停泊している。いまはなき青函《せいかん》連絡船を思い出す。形も大きさも、よく似ている。

トーマス・クックの時刻表によれば、フェリーの出港は15時05分となっている。列車を船に積みこむのだから手間がかかるのは当然だろうが、四〇分も要するとは、まだるっこしい気がする。

この駅で列車は三つに分割される。

先頭の三両はシチリア島へは渡らないレッジオ行で、すぐ切り離されて発車したらしい。しかし、あとの一〇両は一〇分たち、二〇分たっても動かない。ホームに降りて様子を見たいと思ったが、デッキの扉は閉じられている。

三〇分ほどして、ようやく列車がソロリソロリと動きだし、南寄りの構内に停った。山が海に迫った狭いところなのに側線が一〇本ぐらいもある。

ディーゼル機関車がフェリーのお尻から貨車を引っ張り出しているのが見える。

フェリーと陸上の線路との間には海の干満による水位の上下に対処するための可動橋がある。この上に重い機関車が乗ると橋が落ちてしまうので、橋の長さに相当する軽い無蓋《むがい》貨車が連結されていて、機関車が橋の上に乗らずに客車や貨車を船に押しこんだり引き出したりする仕掛けになっている。これは青函連絡船や四国への宇高《うこう》連絡船で見慣れた懐《なつか》しい光景である。

そんなことを丹野氏に説明したが、「はあ」と言うだけで、いまひとつ反応が物足りない。しかし窓外を見てくれてはいる。

列車は逆進し、フェリーに入りかけた気配になった。が、停車して逆戻りする。

それを二回も繰り返した。一〇両編成の長い列車をパレルモ行とシラクーザ行に分割してフェリーに積みこむ事情はわかるが、なぜ二度も行ったり来たりするのか、わからない。

腑《ふ》におちないし、乗客がもてあそばれている感じだが、それなりに楽しい。

行きつ戻りつしてから私たちの乗っている車両は、ようやくフェリーの暗い胴内に押しこまれた。

フェリーの後尾の入口は単線だったが、中に入ると四線に分かれ、分割されたパレルモ行が隣りに停っている。

「ようやく積みこまれましたな」

とフェリーの暗い胴内に坐っていると、ゴロゴロと船の機関の響きが床下から伝わってきた。

車両の扉は開いていて、ステップの下には小さな踏台が置いてあり、その先は狭い階段である。鉄道の係か船員用の通路のように見えたが、丹野氏を促して階段を昇って行くと、三層目で上甲板に出た。とたんに光の量が何十倍にもなり、眩《まぶ》しく明るい。

フェリーは、すでに出港し、防波堤の先端を回るところであった。丹野氏が、「ああ気持がいいですね」と言った。

ローマを発車していらい、はじめて丹野氏の感想に接したように思うが、たしかに鉄道車両から脱出して船の甲板に出てみると、胸が広びろしてくる。

うしろに遠ざかっていくイタリア半島側の家並みにくらべると前方に近づいてくるメッシナの町は大きくて、ビルが並んでいる。島へ渡っているはずなのに、あちらが都会で、こちらは田舎といった感じがする。

もっとも、こうした感想は「島」への偏見によるのであって、大陸や本土に近接した島が栄えるのは歴史が示すところである。ノルウエイのヴァイキングの根拠地となったのは島々であるし、香港《ホンコン》やシンガポールにしてもそうである。もっと大きく言えば、イギリスが栄えたのも、今日の日本が栄えているのも島国だったからではないか。もしも日本が朝鮮半島と陸続きであったなら、どんな歴史をたどっていたかと、恐ろしい気がする。第二次大戦後、関ケ原あたりを境に東西ドイツのように分割されて壁が築かれ、それを乗り越えようとすると射殺されるという情景を思い浮かべても空想の世界ではないと私は思っている。

そんな感慨をメッシナ海峡上で抱くのも旅の効用だろうが、デッキのベンチに坐《すわ》る男たちの眼光の鋭さはどうだろう。眉《まゆ》は濃く眦《まなじり》は切れ深く、それが私たちを射るように見つめる。

このフェリーには日本人はもとより、外国人の客はいないようである。シチリア島は観光地としての人気は高いが、メッシナ海峡をフェリーで渡るようなツアーはないのだろう。

丹野氏は、ビュッフェでビールを飲もうとする私の袖《そで》を引いて、「もう帰りましょう」と言った。

15時40分、メッシナ港に着岸。こんどは手際《てぎわ》よく引き出され、シラクーザ行は四両の短い編成になって海岸を行く。

海辺のわずかな緩斜面には赤瓦の民家が建ち並び、海はチラチラと見えるだけである。

「ずいぶん家が多いんですねえ。意外です」

と丹野氏が言う。この先き、どうなるかわからないが、シチリア島の面積は二五、七〇〇平方キロ（四国の約一・四倍）、人口は三九〇万で、人口密度は高い。

山側は急傾斜で、通路に出て見上げると首が痛くなるほどである。しかし段々畑になっていて、オリーヴ、オレンジなどが栽培されている。そして城塞《じょうさい》の遺跡が崩れかけながら残っている。

タオルミーナが近づくと、ようやく家並みが跡切《とぎ》れ、列車は荒々しい岩礁《がんしょう》の海岸に出た。

16時55分、タオルミーナ・ジャルディーニ駅に到着した。鉄骨の片持ち屋根がホームに張り出した立派な駅である。

タオルミーナの町は標高二五〇メートルもの高みにあり、駅から離れている。

崖の下の駅前にはタクシーが二台いた。しかし、これまでに下車した駅とちがって、客を奪い合うことはない。タクシーのなかでは運転手が眠っている。扉を叩《たた》くと、面倒くさそうに「あちらの車に乗れ」という仕種《しぐさ》をする。そっちの車の運転手も客が来たのが迷惑、といった面持ちだったが、とにかく走りだした。使い古したボロ車である。

タオルミーナは古代ギリシャの植民地として開かれたところで、紀元前三世紀の円形劇場や中世の宮殿、城壁に囲まれた古い家並みがあり、風光もよく、シチリア島の屈指の観光地になっている。ホテルも多い。

しかるに、町への道の粗末なこと。海岸からそそりたつ崖の上にあるので、曲りくねる急勾配《きゅうこうばい》なのは仕方がないが、道幅が狭く、舗装されていないところや水たまりがあったりする。対向車が来れば行きちがいに難儀し、老朽タクシーはエンストする。

どうやら急坂を登りつめると、突然変異のように市街地が現れた。商店が並び、賑《にぎ》わっている。要害堅固の高みに町を築いた事情はわかっているつもりだったが、丹野氏とともに異口同音に「ありゃりゃ」と驚く。これは来てみなければわからない。

今夜の宿は「サン・ドメニコ・ホテル」で、その名から察せられるように修道院を改築したものである。シチリア島に詳しい知人から「タオルミーナに泊るなら、ぜひ」と教えられたホテルであった。

修道院というと禁欲的で質素な生活を思い浮かべてしまうが、この修道院跡のホテルの部屋や調度品は豪華だ。修道僧はハイソサイエティーなのだったと思う。

庭園に出る。花々が咲きみだれ、大理石の石垣から身を乗りだして脚下二五〇メートルの海を見下ろせば足がすくむが、正に「風光絶佳」であった。しかし、南に近く聳《そび》えているはずのエトナ火山は雲に被《おお》われていた。

夕食はホテルのレストラン。前菜の生ハムのおいしいこと。思わず丹野氏と顔を見合せる。そのあとのワインもリゾットも、すこぶるおいしく、今回の旅行では最上の晩餐《ばんさん》になった。

シチリア島のローカル線　カターニア—パレルモ

一〇月二〇日（金）。

高い天井と太い梁《はり》、劇場の緞帳《どんちょう》のようなカーテン、古色蒼然《こしょくそうぜん》たるデスクと大きな鏡台に囲まれて目を覚ます。一夜貴族の気分である。

朝食はテラスで。きょうも晴れで、眺望は良すぎるほど良いし、最上の朝だが、エトナ火山だけは雲をかぶって秀麗なはずの姿を見せてくれない。

街に出て土産物店を覗《のぞ》きながら円型劇場の遺跡へ行く。タオルミーナの人口は一万。断崖《だんがい》の上によくぞこれだけの町をつくったものだと感嘆する。生活物資などを運搬させられた階層の人たちは大変だったろうなとも思う。

ホテルに戻って、また庭園に出る。きのうは気がつかなかったが、一段低いところに小さなプールがあり、籐《とう》の寝椅子《ねいす》の上にトップレスの女性が二人見えた。

きょうはシチリア島最大の町で、島の西北にあるパレルモまで行く予定である。この快適なホテルでもう一泊したい気もするが、やはり鉄道に乗るほうが楽しいので、こういう忙しい旅程になっている。

タクシーで駅へ下り、13時10分発のシラクーザ行の各駅停車でカターニアへ向う。タオルミーナからパレルモへ鉄道で行くにはメッシナへ引き返して乗りかえたほうが幹線なので運転本数も多いのだが、これでは海岸ばかりのルートになってしまい、シチリア島の内陸部は見られない。それで、カターニアから島の内部を横切るローカル線に乗ることにしたのであった。

きのうとおなじような家々の建てこんだ海岸とオリーヴやオレンジの段々畑を見上げ、駅々に停車しながら五〇分ほど走り、14時00分、カターニアに着いた。

カターニアからパレルモへ行く列車は一日四本のみなのだが、つぎのパレルモは14時10分発で、わずか一〇分しかない。

私たちは駅舎側の1番線の売店でサンドイッチと缶ビールを買い、踵《きびす》を返して大急ぎで地下道を通り、パレルモ行の出る7番線へ行った。が、ホームはガランとしていて、列車はいない。トーマス・クックの時刻表によると1等車を連結した列車のはずなのだが。

ホームにいた客に「パレルモ？」とたずねると、あれだ、とホームの末端のほうを指さす。カラシ色の鄙《ひな》びたディーゼルカーが一両、ポツンと停っていた。

その車両は奇妙な構造であった。出入口は中央に一つあるだけで、車内は二つに分けられている。両方とも2等席で、ほぼ満席、丹野氏と離ればなれに坐《すわ》るしかないなと、運転席のほうへ行くと、間仕切りがあって、そこが1等席であった。定員八名、四人向い合せの席が通路の両側に一つずつあるだけだ。

さいわい通路側が二つあいていて、私たちは向い合って坐ることができたが、狭くて窮屈な座席で2等席とおなじである。

今回の旅行では、ゆったりした座席の1等車ばかりに乗ってきたので、だいぶ環境がちがう。

これからパレルモまでは二四三キロあり、三時間三五分かかる。快適な列車ならば短く感じられるだろうが、この窮屈さでは三時間半がシンドク感じられる。

しかし、それもよいだろう。車内にはシチリア島の人たちの体臭がこもっていて、これまでとはちがう。はじめてのローカル線の味わいである。

一両のディーゼルカーは、シラクーザへの幹線をしばらく走り、カターニアの郊外へ出ると西へ分れて内陸部に入った。単線区間になり、速度が落ちた。

沿線風景が変った。海岸に建ち並んでいた家々は消え失《う》せ、わずかな畑と荒蕪地《こうぶち》になる。その背景は緑に乏しい岩山である。

そんなところを一時間ばかり走り、すこし退屈しかけたとき、丹野氏が、

「あれがエンナじゃないですか」

と右窓に目を向けた。岩山の上に大きな城塞《じようさい》が見えている。エンナは標高九五〇メートルの高いところにある古代からの都市で、遺跡も多く、「エンナに行かずしてシチリアを語るなかれ」といったところらしい。

私は鉄道で旅行するのが好きなので、こうして丹野氏を巻きこんで鉄道ばかりで旅しているのだが、レンタカーで自由自在にエトナ火山の中腹やエンナの街を訪れたほうが楽しいだろうと、残念ながらそう思う。

16時04分、カルタニセッタという駅に停車すると乗務員が交代し、陽気な運転士が乗ってきた。そして大声で唱《うた》いながら運転する。

一両のディーゼルカーは山の中の下り勾配《こうばい》を曲りくねりながら走り、シチリア島北岸

に出て、メッシナからの幹線に合流した。ここからは石油のタンクやクレーンなどの並ぶ海岸を行くだけになる。17時45分、定刻にパレルモに着いた。

あとがき

本書に収めたのは昨年（一九九五）の五月と一〇月の旅行記で、『旅』の一九九五年一〇月号から八回連載された。

一冊にまとめるにあたっては、①団体の旅（高速新線の列車）、②夫婦の旅（地中海岸と南アルプスの列車）、③友人との旅（東欧と南イタリアの列車）の三つに分けた。おなじ地域を旅行しても、旅の型や同行者によって印象がちがう。そのあたりの機微を書き分けたかったが、齢《とし》とともに筆力衰え、思うようにならなかった。苦しまぎれに同行者をサカナにし、失礼なことも書いたと思う。お許しいただきたい。

『旅』の編集長の秋田守さん、担当の佐藤暢子さん、単行本化に尽力してくださった大野雅弘さん、楽しいカヴァー画（単行本）を描いてくださった黒岩保美さんに厚く御礼申し上げる。

一九九六年六月

宮脇俊三

解説

今尾恵介

「鉄道ファン」にもいろいろ種類がある。

まず多いのが車両好きだろうか。彼らはモハとかサロ、キハユニだ、2000系がどうのこうの、しかも何番台は窓が小さいとか寒冷地仕様だとか、ものすごい深淵《しんえん》に向けて日夜研鑽《けんさん》怠りない。ただし車両なら何でも、という人は少なくて路面電車に興味がある人、ワシは蒸気機関車しか興味ないもんね、私鉄だけです、やっぱり国鉄時代のキハですなあ、といろいろある。

車両が好きな人の中には写真に凝る人も多い。雪の中、カイロを胸に石像のようになってひたすら意中の列車を待ち構える姿など、ほとんど求道者に近い。

また一方で、時刻表やダイヤが好きで車両などそれほど関心がない、という人もいる。また地形図で鉄道の線路を眺めているのが幸せといった妙な趣味の人々もいるようだし、鉄道史にのめり込み、各種統計書や古い新聞記事を求めて図書館、公文書館通いを続ける人も珍しくない。

この他にも鉄道にまつわるさまざまな分野があるわけだが、これらのうちどれか一種類ではないオールラウンド・プレイヤーもいれば、一つの対象を究める学者タイプも存在する。本当に多種多様なのが鉄道趣味の世界なのだ。だから、もし「鉄道趣味大学」なんていうのがあったら、きっと車両学科、時刻表学科、写真学科、鉄道史学科というさまざまな学科がひしめき合うだろう。

よくオペラというのは総合芸術だと言われる。オーケストラがあって演技つきの歌がある。舞台美術があって照明も大事だ。広い範囲の専門分野の集積で成り立っているシステムという意味では、鉄道も「総合芸術」ではないだろうか。だから鉄道趣味の世界も奥が深いのである。

宮脇さんは、強いて分類すれば「時刻表」と「鉄道旅行」のジャンルに属するということになるだろうか。まず最初に書かれた本が『時刻表2万キロ』であり、その後も『時刻表昭和史』『時刻表おくのほそ道』など時刻表にまつわる著書が数多い。会社にお勤めの頃には、金曜の夜に出発して月曜の出勤時間に間に合うように、いかに効率よくあちこちのローカル線に乗ってこられるか、時刻表を睨《にら》みながら旅程を組み立てられていたというエピソードには感銘を受けた覚えがある。

『時刻表2万キロ』を読んだとき、ついにふつうの言葉で鉄道の魅力を存分に語れる人が現われた！　というのが第一印象だった。鉄道モノといえば、これまでは内田百閒《ひやっけん》の名前が挙がったものだが、このドイツ文学者の先生の感覚はフツウの庶民とは少々離れたところがあった。もちろん鉄道のことを書いた本すべてに目を通したわけではないから、偉そうに断定する資格は私にはないが、少なくとも宮脇さんの本なら女性がすんなり入ってこられる。

実は、鉄道ファンには女性がほとんどいないらしい。何が原因なのか系統的な調査が必要なほど顕著な現象なのだが、最近では鉄道ファン、いわゆる「鉄チャン」は女性にもてない、暗い、偏執的性格などなど人権擁護委員会が出動しなければならないほどマイナスイメージも流布《るふ》されている。そのため「隠れ鉄チャン」が多いようだ。

そう、宮脇さんの本は女性が読める、という話だったが、宮脇さんの本にはまず専門用語が突然前触れもなく出てきたり、マニア特有の思考方法が押し出されることがない。電車に乗ったことを描写するのに「ノッチがどうの」というような運転手さん用語を出されると、たちまちふつうの読者は置いてけぼりを食ってしまうのだ。

その点、宮脇さんの文章は鉄道あるいは鉄道旅行がテーマなのに、鉄道についての描写はしつこくない。簡潔明瞭なのである。「私は鉄道で旅行するのが大好きなだけで、鉄道のシステムや車両についての知識は皆無にちかい」などと謙遜《けんそん》されているが、実は要所要所をきちんと調べて書かれている。

生半可な執筆者だとこうはいかない。たくさん調べると、それを使いたくなって全部開陳し、結婚披露宴のスピーチで「わが社の業績」を述べ立てるのとも似た事態に立ち至ってしまうのである。宮脇さんが生のデータをそのまま読者に押しつけず、必ずご自分の言葉で、ふつうの人に通じる言葉で自然に語っているのは、長年出版社の編集者として活躍されていたことと決して無縁ではないはずだ。

きょうはドイツの新幹線列車「ＩＣＥ」でミュンヘンへ向う日である。

一見して何でもない本書からの一節だが、実はまず「新幹線列車」がミソである。新聞記事やガイドブックなどでは「ドイツの新幹線」とあるので、「きょうは新幹線でミュンヘンへ向う日である」でいいようだが、ドイツの「新幹線」は日本の新幹線の概念とは違う。ドイツの旧国鉄線は標準軌（日本の新幹線と同じ）を採用しているので、日本のように全線まったく新しく線路を敷く必要がなく、とりあえず急カーブが連続する山岳区間などに直線的な新線を建設する方法がとれる。新しく開発された高性能の車両もその区間以外は在来線を走る方式だ。だから「新幹線に乗る」としてしまうと少し違ってくるわけで、「新幹線列車に乗る」というのが最も正確かつ簡潔な表現となってくる。「エクスプレス」の訳語にしても、日本では急行が絶滅寸前で特急が主流であることをふまえていないと、辞書通りに「急行」などと訳してしまうだろう。これはほんの一例だが、さりげない一行も広範な鉄道に関する知識がなければ、こうはいかないのである。

さて、前置きが長くなってしまったが、本書は著者が「ヨーロッパの鉄道旅行」をテーマにしたツアーの講師役として参加したときの話が最初だ。フランスの「TGV」、ドイツの「ICE」、英仏海峡のユーロ・トンネルを抜ける「ユーロスター」、イタリアの「ペンドリーノ」、そしてスペインの「AVE」などのヨーロッパの看板高速列車を乗り歩くという、鉄道旅行好きのためのフルコースである。そして次には夫人と二人で地中海沿岸から南アルプスへ向かった鉄道旅行、そして友人と二人でめぐったパリからウイーンを経て南イタリアへ、という三回の旅行についての紀行がここにまとめられている。

著者が鉄道にしか興味のない人だと、よほど趣味の合う人でないとついていけないが、宮脇さんの視線は鉄道だけに向けられているのではない。次はイタリアの「新幹線」区間（ディレッティシマ）を走る列車の運転席に乗せてもらったときのくだりである。

運転席からの眺めは面白い。新線ルートの選定や在来線とのかかわりぐあいなどがよくわかる。

いつのまにかテベレ川が在来線とともにからみ合っている。テベレ川はローマを経て地中海へと流れ下る川で、ルネサンスの抗争に明け暮れた時代には血で赤く染まった川である。が、いまは過去を忘却した平凡な川だ。

沿線の風景は赤茶け、地味も痩《や》せているかに見える。首都のローマが近づいたというのに民家のつくりも、ロンバルディア平原より質素になった。イタリアはミラノを中心とする北部が富み、中部・南部は貧しいという。

絶景を称賛している場面ではないが、こんな文章に接すると、平凡な風景が流れていく異国の車窓を眺める幸せを無性に味わってみたくなってくる。この短かいフレーズの中に鉄道新線建設のこと、土地の歴史のこと、家の質素さから発展して現代イタリアの南北経済格差に至るまでが織り込まれているからだ。瞬時に通り過ぎていくそれぞれの土地の長い歴史の積み重ねの結果が、今まさに車窓に展開されているということを改めて知らされる。こういう説明をさりげなく提供してくれる人との鉄道旅行は、楽しく充実したものになるだろう。

文章で人を笑わせるには文章が笑っていてはいけない、という言葉を聞く。だから特徴のある景観を読者が思い描くのに、たとえば「すばらしい」の連発は最も避けなければならない。宮脇さんの文章は、決して著者が前面に出ていかず、内輪話になりがちなツアーを書いても押しつけがましくない。行く先々で料理を楽しみ、車窓風景を観賞する一方で、冷静な視線が引き締めている。ウイーンのシェーンブルン宮殿の豪華絢爛《けんらん》のようすを「ハプスブルク家が追求した贅沢《ぜいたく》とはこういうものでしかないのか」と鋭く突いているのも、西洋史の該博な知識があってこそである。

さて、私が最も旅情をそそられたのは、意外かもしれないが、次のくだりであった。

きのうの夜半、私は例によってバスルームにこもり、クックの時刻表、地図、さらにはガイドブックなどを開いてニースからリヨンへの行程を検討した。ブランデーを嘗《な》めながらの作業で、ジェノヴァ―ミラノ―トリノという大迂回《うかい》のルートが浮かんだりして、大いに楽しかったが、けっきょく、ヴェンティミリア―クーネオ経由という原案に落ちついた。

翌日の予定が決まっていない夜、ホテルの一室でまだ見ぬ風景を想像しながら時刻表をあれこれ検討する楽しさは経験者ならわかると思う。静寂の中にページを繰る音がひびき、遠くでは夜行列車の汽笛が聞こえる……。

宮脇さんの作品が広範な支持を得ているのは、マニアであってもなくても、その人なりの楽しみ方ができる鉄道旅行の奥行きの深さを教えてくれるからではないだろうか。さっそく時刻表と地図を携えて、近場のローカル線でも乗りに行ってこようか。

（二〇〇〇年一月、著述業・地図と鉄道の愛好者）

この作品は平成八年八月、ＪＴＢ日本交通公社出版事業局より刊行された。

ヨーロッパ鉄道《てつどう》紀行《きこう》

新潮文庫　み‐10‐14

平成十二年三月一日発行

著者　宮《みや》脇《わき》俊《しゅん》三《ぞう》

発行者　佐藤隆信

発行所　株式会社　新潮社

郵便番号　一六二―八七一一
東京都新宿区矢来町七一
電話　編集部(〇三)三二六六―五四四〇
　　　読者係(〇三)三二六六―五一一一
振替　〇〇一四〇―五―八〇八

価格はカバーに表示してあります。

乱丁・落丁本は、ご面倒ですが小社読者係宛ご送付ください。送料小社負担にてお取替えいたします。

印刷・錦明印刷株式会社　製本・錦明印刷株式会社

ISBN4-10-126814-2 C0126